CB136732

Ricardo Mansur

PRODUTIVIDADE PÓS-INTELIGÊNCIA ARTIFICIAL

Cópia não autorizada é crime
Lei 9.610 de 19/02/1998
Respeite o direito autoral

EDITORA CIÊNCIA MODERNA

Produtividade pós-inteligência artificial

Copyright© Editora Ciência Moderna Ltda., 2023

Todos os direitos para a língua portuguesa reservados pela EDITORA CIÊNCIA MODERNA LTDA.
De acordo com a Lei 9.610, de 19/2/1998, nenhuma parte deste livro poderá ser reproduzida, transmitida e gravada, por qualquer meio eletrônico, mecânico, por fotocópia e outros, sem a prévia autorização, por escrito, da Editora.

Editor: Paulo André P. Marques
Produção Editorial: Dilene Sandes Pessanha
Capa: Daniel Jara
Diagramação: Daniel Jara
Copidesque: Equipe Ciência Moderna

Várias **Marcas Registradas** aparecem no decorrer deste livro. Mais do que simplesmente listar esses nomes e informar quem possui seus direitos de exploração, ou ainda imprimir os logotipos das mesmas, o editor declara estar utilizando tais nomes apenas para fins editoriais, em benefício exclusivo do dono da Marca Registrada, sem intenção de infringir as regras de sua utilização. Qualquer semelhança em nomes próprios e acontecimentos será mera coincidência.

FICHA CATALOGRÁFICA

MANSUR, Ricardo.

Produtividade pós-inteligência artificial

Rio de Janeiro: Editora Ciência Moderna Ltda., 2023.

1. Métodos especiais de computação 2. Inteligência artificial
I — Título

ISBN: 978-65-5842-305-8 CDD 006.3

Editora Ciência Moderna Ltda.
R. Alice Figueiredo, 46 – Riachuelo
Rio de Janeiro, RJ – Brasil CEP: 20.950-150
Tel: (21) 2201-6662/ Fax: (21) 2201-6896
E-MAIL: LCM@LCM.COM.BR
WWW.LCM.COM.BR

09/23

Sobre o Autor

O autor escreveu mais de trinta livros sobre governança e negócios digitais.

Nos últimos anos, o autor desenvolveu diversos trabalhos sobre a Transformação Digital e agilidade nos negócios.

Vários dos seus livros alcançaram grande repercussão nas comunidades de tecnologia e negócios.

O autor trabalha com vigor para compartilhar as suas descobertas sobre agilidade nos negócios, governança de TI, redes e mídias sociais, Business-Defined IT, Indústria 4.0, BlockChain e Organizações Exponenciais.

O autor pesquisou tanto a adoção da filosofia agilidade nos negócios, quanto a transformação digital dos modelos de negócio para avaliar o "estado da arte" da inovação nas empresas.

A experiência do autor em modelos de negócio foi desenvolvida nas atividades realizadas em empresas do agronegócio, tecnologia, consultoria etc.

O autor também tem larga experiência na consultoria e assessoria em: (i) desenvolvimento e implementação de novos modelos de negócio, (ii) estratégias de recursos humanos, (iii) práticas de comunicação e (iv) programas de educação continuada.

O autor participou como palestrante de diversos congressos e seminários sobre gestão estratégica, negócios habilitados pela tecnologia, digitalização de um negócio, estratégias de comunicação e programas de aprendizado continuado.

Dedicatória

Uma vez Shakespeare disse que a vida é tão curta que deveria ser feita só de momentos de prazer.

Dedico esta obra aos meus pais e amigos que possibilitaram os bons momentos da minha vida.

Agradecimentos

Agradeço aos meus pais e professores pelo empenho na educação formal e preparação para a vida, aos meus amigos que me ajudaram nesta caminhada e a Deus pela força de vontade para superar os desafios da vida.

Nota do Autor

Esta obra foi desenvolvida para ser um livro digital interativo com o leitor.

O autor usou o estratagema de combinar a conceituação das ideias com exemplos práticos de mercado.

O leitor pode navegar nas referências para entender como as ideias apresentadas são corroboradas pelo mercado.

É importante alertar ao leitor neste momento que todas as URLs (Uniform Resource Locator) citadas são de propriedade de terceiros e podem ser descontinuadas sem aviso prévio.

O autor reconhece que este risco é real, mas enfatiza que o leitor não perde conceituação alguma das ideias apresentadas com a descontinuação dos exemplos.

O objetivo da digitalização interativa é dar ao leitor a oportunidade de variar o conteúdo conforme o seu foco de interesse no momento específico da leitura.

Não existe necessidade alguma de navegar em todos os endereços citados.

As releituras do trabalho são mais interessantes por conta das variações de foco oferecidas pelas alternativas de interação.

Sumário

Capítulo 1

Introdução

A tecnologia da inteligência artificial está destruindo rapidamente algumas atividades profissionais.

Os profissionais que trabalham no "chão" das lojas, agências de viagem etc. precisam usar sistemas inteligentes para:

- Atender rapidamente os clientes;
- Pesquisar as características de um produto;
- Informar corretamente os consumidores;
- Pesquisar o perfil do cliente nas redes sociais etc.

Em 2023, são raras as empresas do varejo brasileiro que têm uma equipe bem qualificada no uso dos recursos digitais inteligentes no "chão da loja".

As empresas que investem na qualificação digital da sua mão de obra no campo têm um nível de produtividade do trabalho muito maior que as empresas que não investem na qualificação digital dos trabalhadores.

O conhecimento simples em inteligência artificial está fazendo a diferença em diversas empresas do varejo brasileiro.

O elevado nível de competitividade das empresas inteligentes, permite que elas explorem com mais efetividade os hábitos dos consumidores e enderecem as expectativas deles através da oferta e entrega de produtos e serviços alternativos.

Em geral, as pequenas e médias empresas não têm um profissional de campo dotado de um mínimo de habilidades digitais inteligentes.

Um gestor competente é capaz de treinar em serviço a sua equipe nas pequenas e médias empresas.

A inteligência artificial reduz consideravelmente o tempo gasto pelo gestor em uma pesquisa sobre o mercado.

Os robôs inteligentes estão ajudando os familiares nas atividades diárias para manter os seus idosos ativos e saudáveis.

O robô inteligente estimula os idosos ou pacientes em recuperação na sua rotina diária de exercícios.

Os treinadores dos robôs inteligentes estão trabalhando intensamente para aliviar a carga de trabalho das famílias que estão sobrecarregadas por causa da baixa taxa de natalidade e forte crescimento da população de idosos.

Muitos idosos sofrem de doenças crônicas que precisam ser monitoradas e cuidadas todos os dias.

Para manter os idosos autossuficientes, os cuidadores inteligentes estão estimulando de diversas formas a realização de exercícios físicos e mentais.

A baixa taxa de natalidade e o crescimento da busca de oportunidades econômicas no exterior pelos jovens está criando um espaço para o surgimento de cuidadores inteligentes digitais.

Os adultos na faixa dos 50 anos, estão sobrecarregados com as atividades profissionais, cuidados de casa e idosos.

Muitos estão abandonando as suas atividades profissionais remuneradas para cuidar em tempo integral dos seus pais, avós, tios etc.

Diversas economias estão sofrendo arduamente com o deslocamento de atividades remuneradas para não remuneradas.

Muitos trabalhadores estão vivendo de benefícios sociais, seguros etc. por causa do deslocamento das atividades remuneradas.

Os cuidadores digitais inteligentes estão sendo treinados para atender uma demanda enorme.

Os governos que estão bastante endividados estão dando isenções fiscais e diversos benefícios para permitir que uma pessoa deixe de exercer atividade remunerada e possa cuidar dos seus familiares idosos ou enfermos.

As pessoas não autossuficientes precisam de cuidados vinte e quatro horas por dia e o custo dos cuidadores humanos está crescendo exponencialmente para os governos.

Os robôs inteligentes, conversam com os idosos, estimulam as atividades físicas e mentais, cuidam da alimentação correta, asseguram o horário correto dos remédios etc.

Capítulo 2

Mobilidade

Sistema de semáforos usa a inteligência artificial (IA) para aumentar a eficiência da mobilidade, facilitar a fluidez do trânsito e evitar a formação de longos congestionamentos.

Com 1.206 km, cidade de SP bate recorde anual de trânsito nesta quarta (08/03/2023), segundo novo método de medição da CET, https://g1.globo.com/sp/sao-paulo/noticia/2023/03/08/com-1206-km-cidade-de-sp-bate-recorde-anual-de-transito-nesta-quarta-segundo-novo-metodo-de-medicao-da-cet.ghtml, acessado em 14/04/2023.

Os atuais sistemas de gerenciamento de tráfego não conseguem acompanhar o crescimento do número de veículos e por isto as medidas contra os engarrafamentos não estão funcionando.

A inteligência artificial é capaz de responder rapidamente às mudanças nas condições das vias ou do clima para reduzir ou eliminar os congestionamentos.

Em breve, os veículos autônomos trafegarão nas mesmas vias que os motoristas humanos e as agências e planejadores terão de lidar com motoristas humanos, veículos semiautônomos e autônomos.

Para manter todos os veículos em movimento é preciso que todos os elementos do sistema de gerenciamento de trânsito reajam instantaneamente às mudanças.

Os sistemas modernos de gerenciamento de tráfego usam câmeras e sensores para identificar o número de veículos em tempo real e para transmitir as informações para uma central de controle onde os computadores calculam a densidade do tráfego.

A inteligência artificial é responsável pela reconfiguração em tempo real dos semáforos.

Durante o treinamento da inteligência artificial (IA), diversos cenários são simulados para que o algoritmo aprenda como prever as mudanças no tráfego.

O aprendizado da máquina permite que a previsibilidade do trânsito evolua continuamente.

Em alguns casos, a IA reduziu o tempo de espera nos semáforos em 40% e como consequência a emissão de gases poluentes caiu 20%.

A inteligência artificial usa as câmeras de vídeo para detectar automaticamente o número de veículos, pedestres e os tipos de veículos que estão se aproximando do semáforo.

As informações são processadas em frações de segundos, para encontrar a melhor forma para fazer o tráfego fluir.

Os semáforos são reconfigurados e sincronizados para manter o trânsito em movimento.

As decisões da IA sobre um semáforo são compartilhadas com toda rede de sinalizadores para sincronizar os eventos no sistema.

As bicicletas elétricas e não elétricas, os pedestres, as motocicletas, os patinetes e os demais veículos de mobilidade são considerados no planejamento do trânsito.

O aprendizado de máquina analisa as informações sobre o clima etc. para prever a demanda futura das bicicletas elétricas e não elétricas, dos pedestres, das motocicletas, dos patinetes e dos demais veículos de mobilidade nas ruas.

Para reduzir os engarrafamentos, a IA reconfigura os semáforos inteligentes para direcionar o tráfego para vias alternativas quando ocorre um acidente.

O sistema inteligente também permite a redução do tempo gasto na procura de uma vaga para estacionar carros, motocicletas etc.

O sistema autônomo permite tanto a melhoria da qualidade do ar, quanto a redução do ruido nas escolas, hospitais, casas de repouso etc.

A inteligência artificial é treinada para evitar a passagem de caminhões ou veículos pesados nas ruas com escolas, hospitais etc.

A IA permite que os planejadores do trânsito conheçam os horários de pico, as rotas mais usadas e a disponibilidade das vagas de estacionamento.

Os sensores medem o tempo gasto pelos veículos entre os cruzamentos em tempo real e permitem o planejamento de curto, médio e longo prazo do trânsito.

O modelo de aprendizado de máquina trabalha com os padrões em tempo real dos deslocamentos e analisa como os motoristas humanos e não humanos respondem às mudanças.

A IA faz adaptações no modelo ao longo do tempo para melhorar a sua capacidade de previsibilidade e para minimizar as intervenções humanas.

O sistema interpreta as imagens das câmeras para adaptar o funcionamento dos semáforos em função da distância e velocidade dos veículos.

O objetivo do sistema inteligente é reduzir em tempo real os engarrafamentos.

O sistema identifica o que não está funcionando adequadamente e executa intervenções nos semáforos para melhorar o fluxo do tráfego.

A inteligência artificial é um sistema dinâmico e adaptativo que encontra soluções para os semáforos em função da situação do momento.

Os treinadores da inteligência artificial usam um simulador de tráfego para treinar o sistema.

O objetivo do treinamento é fazer com que a IA interprete os diferentes cenários de tráfego, clima etc. (chuva, neve, pedestres de todas as idades atravessando as ruas, volume elevado de veículos etc.).

A IA interpreta as imagens das câmeras e ajusta os paramentos dos semáforos conforme a situação atual e futura do fluxo de veículos.

A IA ganha um ponto positivo para cada carro que passou pelo cruzamento e um ponto negativo quando ocorreu um congestionamento.

A principal vantagem da IA é que ela enxerga o tráfego antes que os carros passem pelos semáforos.

Os sistemas inteligentes de trânsito trabalham as informações disponíveis em tempo real e reconfiguram instantaneamente os sinalizadores.

Os sistemas inteligentes de trânsito são treinados para trabalhar em diversas situações climáticas.

Os cenários de pedestres com necessidades especiais são endereçados também pela inteligência artificial.

A IA é configurada para atuar com toda a rede de semáforos.

O objetivo deste estratagema é fazer com que a inteligência artificial aprenda automaticamente como melhorar o fluxo de veículos em função do tráfego.

O sistema pode ser configurado para priorizar os veículos de emergência e de transporte público.

A inteligência artificial elimina as situações de semáforo fechado com a rua vazia.

O sistema inteligente reduz ou elimina as filas quilométricas de carros e acaba com a festa das buzinas ensurdecedoras.

Em 2023, a IA consegue prever a condição futura do tráfego com antecipação de quase 15 minutos.

A IA ajuda os motoristas verificando a disponibilidade de vagas de estacionamento em tempo real.

Em breve, a inteligência artificial permitirá a previsão com três horas de antecedência de um congestionamento.

As autoridades do trânsito poderão otimizar o fluxo de veículos e melhorar a segurança no trânsito com o sistema inteligente autônomo.

A IA otimiza os sinais de trânsito para a polícia, para as cargas especiais, para as ambulâncias, para o transporte público etc.

O sistema observa a natureza do trânsito e descobre os padrões do tráfego.

Com previsões cada vez mais precisas em tempo real é possível reduzir os desperdícios de combustível causados pelos congestionamentos e as emissões de poluentes.

Capítulo 3

Qualidade de vida

Os hospitais estão usando a inteligência artificial para monitorar os pacientes e evitar mortes.

O tempo estimado de internação de um paciente é calculado usando os dados do prontuário eletrônico inteligente.

A IA captura as informações sobre as internações anteriores, sobre o motivo da internação atual e sobre os resultados dos exames para estimar o tempo de internação do paciente.

O uso dos recursos da unidade de terapia intensiva é otimizado pelo algoritmo do sistema inteligente.

Quando o sistema inteligente estima uma longa permanência de um paciente intubado, ele envia um alarme para a equipe médica e o paciente recebe um tratamento preventivo de movimentação física para impedir a formação de coágulos (trombose).

Com o tratamento precoce preventivo é possível reduzir o tempo de internação do paciente e a taxa de mortalidade do hospital.

O tratamento precoce preventivo permite uma melhor recuperação da cognição do paciente após a alta hospitalar.

A central de monitoramento inteligente monitora as informações dos pacientes para estimar a evolução deles.

No caso de uma previsão de agravamento da condição clínica do paciente, o sistema envia automaticamente um alarme para a equipe médica.

Existem casos em que a inteligência artificial contribuiu significativamente para a eliminação de eventos catastróficos e graves nos hospitais.

Os eventos adversos foram reduzidos em cerca de 30% com o uso dos sistemas inteligentes de monitoramento dos pacientes.

Um evento é considerado catastrófico quando ele causa um dano permanente no paciente ou a sua morte.

Um evento é considerado como grave quando ele causa um dano importante e temporário ao paciente.

A Inteligência artificial permite que a tomada de decisões da equipe médica seja baseada em informações reais.

Existem estudos que mostram que a inteligência artificial reduziu em cerca de 20% a mortalidade por sepse (infecção generalizada).

A central inteligente de monitoramento dos pacientes analisa os sinais vitais, o resultado do uso de medicamentos e os resultados dos exames.

Quando os parâmetros monitorados (pressão arterial, temperatura, leucócitos etc.) ultrapassaram os limites estabelecidos, o algoritmo envia um alerta de risco de choque séptico com elevada antecipação.

Os sistemas inteligentes de saúde pública conseguem tanto prever com elevada precisão as pandemias, quanto facilitar a atuação das autoridades de saúde.

As ligações telefônicas realizadas pela IA permitem que os possíveis contaminados sejam rapidamente contatados.

O sistema inteligente é capaz de fazer em minutos as ligações telefônicas que levariam horas para serem feitas manualmente.

Na pandemia, a IA auxilia os profissionais de saúde na triagem dos pacientes, nas decisões sobre quem deve ser internado e quem deve fazer o tratamento em casa.

O algoritmo é treinado com uma grande quantidade de informações médicas e com imagens computadorizadas dos exames para que ele gere um diagnóstico baseado em padrões.

Nas pandemias, os hospitais ficam superlotados e os testes que detectam a presença do vírus ficam escassos, por isto a IA é uma poderosa ferramenta para os profissionais de saúde.

Os médicos nas pandemias e epidemias usam a inteligência artificial para tomar decisões com base na lógica e racionalidade.

O uso da IA nas crises de saúde gera diversas questões éticas relacionadas com a privacidade e proteção dos dados.

As preocupações sobre a segurança e privacidade digital precisam ser levadas em conta no desenvolvimento e aperfeiçoamento da inteligência artificial.

A precisão das previsões da inteligência artificial é maior quando ela é treinada com dados de pessoas de diferentes contextos socioeconômicos.

A acuracidade das previsões do modelo, exige que o algoritmo seja treinado com dados representativos da população.

É preciso ter uma rígida política de segurança digital, pois os sistemas inteligentes trabalham com uma grande quantidade de informações sensíveis.

Os processos de segurança e privacidade precisam ser corretamente implementados para que os grandes conjuntos de dados possam ser usados para treinar a IA.

(Segundo o Instituto Brasileiro de Geografia e Estatística (IBGE), o Brasil tem cerca de 17 milhões de pessoas com algum tipo de necessidade especial, sendo que cerca de 6 milhões têm algum grau de deficiência visual. Fonte: Transistor, uma invenção que mudou o mundo, https://www.seesp.org.br/site/index.php/jornal-do-engenheiro/item/21758-transistor-uma-invencao-que-mudou-o-mundo, acessado em 14/04/2023). A inteligência artificial permite que pessoas com deficiência visual "leiam" as imagens, fotos, rótulos dos produtos, cédulas de dinheiro etc.

Em outras palavras, a IA inclui os deficientes visuais na "leitura" de livros, jornais, revistas, telas de computadores, celulares, televisões etc.

Os softwares inteligentes de leitura de tela permitem que os cegos saibam, por exemplo, que o seu dispositivo eletrônico está sendo atualizado.

O sistema inteligente de leitura de cédulas de dinheiro permite que pessoas com deficiências visuais paguem as suas contas sem a ajuda de outras pessoas.

Os aplicativos inteligentes que reconhecem os textos das fotos permitem que as pessoas com deficiência visual participem das redes sociais.

Os aplicativos inteligentes de leitura dos rótulos de produtos e de organização dos documentos permitem que as pessoas com deficiências visuais criem uma biblioteca para os seus livros, revistas etc.

O sistema inteligente usa a capacidade de visão do computador e das redes neurais para identificar plenamente um objeto (cor, textura, características físicas etc.).

A IA permite também a identificação das expressões faciais e das características físicas de uma pessoa.

Em breve será possível identificar as roupas usadas por uma pessoa (cor, textura, tipo de tecido, modelo etc.).

As redes sociais usam os algoritmos da inteligência artificial para gerar automaticamente uma descrição das imagens para as pessoas com deficiência visual.

A tecnologia em fase de evolução e aperfeiçoamento colabora para a criação de ambiente mais acessível.

Os métodos de aprendizagem de máquina das redes sociais exigem um treinamento contínuo da inteligência artificial.

Os sistemas inteligentes de reconhecimento de imagem são supervisionados por pessoas que olham as imagens e as descrevem.

A transcrição da fala para texto em tempo real permite que as pessoas com deficiência auditiva possam conversar com as pessoas que não sabem "falar" a língua dos sinais.

Os sistemas inteligentes de reconhecimento da fala e a transcrição em texto em tempo real permitem que as pessoas com deficiência auditiva sejam incluídas nas salas de aula, nas reuniões, nos cinemas, teatros, shows etc.

A inteligência artificial permite que as pessoas com deficiência de mobilidade comandem mais facilmente a sua cadeira de roda, cama, carro etc.

Com os sistemas inteligentes, uma pessoa com deficiência acessa todas as informações necessárias para trabalhar ou estudar remotamente.

Os sistemas inteligentes podem ser usados para cuidar das pessoas idosas ou enfermas que precisam de assistência 24 horas por dia.

Os sistemas inteligentes conseguem prever a qualidade de vida futura dos pacientes dos casos mais graves e com isto ajudam os doentes, médicos e familiares na tomada de decisões por cuidados paliativos ou por terapias mais agressivas.

Os algoritmos acertam na maioria das vezes o tempo de sobrevida do paciente com qualidade de vida, ou com dor ou com sintomas controlados.

A informação sobre a qualidade de vida do paciente, permite uma tomada de decisão com base na análise analítica dos dados e informações tanto para a continuidade do tratamento, quanto para o redirecionamento do paciente para os cuidados paliativos.

A IA permite que os médicos decidam com base na análise analítica dos dados e informações se é o momento de melhorar a qualidade de vida do paciente ou de continuar com o tratamento agressivo.

O algoritmo trabalha com o histórico sociodemográfico e clínico do paciente e da doença e com os exames de sangue, funcionamento renal etc.

A inteligência artificial considera na sua decisão a percepção intuitiva do paciente, familiares e médicos sobre o tratamento.

Em outras palavras, a decisão sobre cuidados paliativos é apoiada na análise analítica das informações dos dados clínicos, nos valores do paciente e da sua família e na intuição dos médicos.

Os sistemas inteligentes conseguem prever com boa precisão os óbitos dos idosos.

O algoritmo da análise preditiva em saúde deve ser treinado com uma grande quantidade de dados para ser capaz de analisar em algumas horas as interações existentes entre os mais de quarenta fatores que levam ao óbito.

A IA avalia também o risco de sequelas das doenças crônicas.

As sequelas das doenças crônicas são responsáveis pela morte de mais de 40 milhões de pessoas por ano no mundo.

A inteligência artificial está sendo utilizada para analisar milhões de registros nos prontuários eletrônicos para detectar com antecedência as condições para o desenvolvimento de doenças como osteoporose, diabetes, hipertensão, insuficiência cardíaca etc.

Os estudos realizados com os médicos que estão tomando decisões com base na análise analítica de dados e informações gerada pela IA revelam um aumento da demanda, ou seja, as pessoas estão consultando mais os médicos porque a IA aumentou muito a probabilidade de solução de um problema de saúde.

Os algoritmos de IA precisam de uma grande quantidade de dados médicos para o seu treinamento.

Os dados médicos são extremamente sensíveis, pois são exames de imagens, exames genéticos e prontuários eletrônicos.

É preciso, portanto, incorporar rígidas políticas de segurança digital nos mecanismos que permitem o aprendizado da IA.

As políticas de segurança devem oferecer soluções para impedir o vazamento dos dados.

Uma das técnicas de segurança digital é a anonimização das informações dos pacientes, ou seja, os dados médicos usados para o treinamento da IA precisam ser anonimizados.

A vulnerabilidade dos dados privados do paciente é um problema que precisa ser enfrentado, pois os algoritmos de IA treinados com dados de diferentes hospitais diagnosticam com maior precisão as enfermidades e conseguem gerar ações que previnem as doenças e prolongam a vida.

Existem legislações, regras e políticas de segurança que impedem o compartilhamento dos prontuários eletrônicos.

O treinamento da IA para detectar doenças nas imagens ou nos dados médicos exige o uso de dados clínicos reais.

Uma solução para o impasse do treinamento da IA é o armazenamento dos dados privados dos pacientes em uma nuvem que os anonimiza e permite que eles sejam usados no treinamento sem que eles saiam da nuvem.

Para tal, é utilizada a tecnologia blockchain em que um contrato inteligente é gerado quando uma solicitação de acesso aos dados é recebida.

O sistema registra de forma indelével os dados que foram usados no treinamento da IA e quem os utilizou.

Os sistemas inteligentes de saúde que são treinados com um grande volume de dados seguros são uma poderosa conquista para a medicina.

A segurança digital dos dados, assegura o completo sigilo das informações e a total privacidade dos pacientes.

Com o correto treinamento, o aprendizado de máquina pode descobrir os relacionamentos que existem entre a doença, o mapeamento genético do paciente, os resultados dos exames e os dados clínicos do paciente.

O sistema inteligente de saúde aprende muito com os prontuários eletrônicos dos pacientes.

O sistema inteligente pode fazer uma análise dos dados dos prontuários e descobrir se um remédio ou procedimento está funcionando ou não.

É claro que o armazenamento dos dados em uma única nuvem cria um ponto de falha potencial, pois um ataque contra a nuvem é uma ameaça contra a segurança dos dados armazenados.

O risco de vazamento de dados faz parte do treinamento de uma IA, por isto é preciso criar e implementar urgentemente políticas públicas sobre a privacidade das informações médicas.

O atual processo de anonimização não é perfeito, por isto é preciso desenvolver soluções mais próximas da segurança máxima.

Os benefícios do aprendizado de máquina são grandiosos, mas efeitos de um vazamento também são.

O treinamento federado é uma alternativa para evitar os vazamentos, pois os dados são trabalhados apenas no local de origem.

Neste caso, as saídas do modelo da IA são consolidadas apenas na etapa derradeira do processo e não existe o envio de informações.

As soluções de privacidade dos dados dos pacientes, estão caminhando na direção de disponibilizar os dados de grandes grupos de pacientes de UTI sem que seja possível relacionar as informações com os pacientes.

O uso do aprendizado de máquina permitiu uma elevada precisão na previsão de mortes por doenças respiratórias, cardiovasculares etc.

O aprendizado de máquina é capaz de identificar padrões nos dados de forma mais efetiva que os seres humanos.

O aprendizado de máquina da IA, permite que a medicina inicie medidas preventivas antes que a doença avance.

A inteligência artificial na saúde está enfrentando um novo arcabouço ético, ou seja, um paciente com elevada probabilidade de óbito nos próximos três anos, por exemplo, quer conhecer qual é a sua probabilidade de óbito? O paciente quer conhecer o grau de incerteza desta probabilidade?

Entregar para o paciente muitos detalhes da sua doença é um aspecto de elevada complexidade ética.

Já faz parte da medicina atual, a situação em que o médico ignora a informação enviada pela IA, porque ele não confia na previsão do algoritmo.

No futuro, os médicos terão que lidar com uma grande quantidade de decisões difíceis e complexas, pois o aprendizado de máquina está unificando as informações.

A IA pode ser utilizada no diagnóstico e tratamento da depressão pela análise da fala de pacientes.

Uma inteligência artificial foi treinada com áudios e expressões faciais em 3D dos pacientes com e sem transtorno depressivo.

Os áudios foram gerados por um assistente virtual que entrevistou as pessoas sobre a sua vida e o seu humor.

Os treinadores utilizaram um programa de interpretação dos áudios para identificar os padrões comportamentais.

Na terceira etapa do processo de treinamento, os cientistas relacionaram os pacientes com depressão com os seus respectivos áudios e ensinaram a IA como reconhecer os padrões.

Os resultados alcançados nos testes foram bastante promissores, pois a inteligência artificial foi capaz de detectar a depressão com alta precisão.

Os psiquiatras podem usar a ferramenta inteligente e os seus procedimentos padrões para diagnosticar rapidamente a depressão, agilizar o início do tratamento e reduzir os danos colaterais dos pacientes.

Capítulo 4

Mercado de trabalho

O impacto da IA na empregabilidade e na formação dos profissionais exige a criação no primeiro momento de medidas de proteção social para os afetados.

Uma seguradora substituiu algumas dezenas de funcionários por um sistema de inteligência artificial que calcula automaticamente os pagamentos para os segurados.

A seguradora aumentou a sua produtividade operacional em mais de 30% com a inteligência artificial.

O retorno do investimento ocorreu em dezoito meses após a implantação do sistema inteligente autônomo.

A seguradora investiu aproximadamente R$ 6 milhões e economizou quase R$ 4 milhões por ano após a substituição dos funcionários pela inteligência artificial.

O sistema inteligente analisa e processa as informações estruturadas e não estruturadas (textos, vídeos, imagens etc.).

A seguradora usou o sistema inteligente para "ler" as informações médicas dos segurados (prazo de internação, procedimentos realizados etc.), para determinar o valor do reembolso do segurado etc.

O sistema inteligente tornou redundante os funcionários que calculavam o valor do reembolso dos segurados.

Muitos foram deslocados para o setor de aprovação dos reembolsos, pois os valores calculados pela inteligência artificial precisam ser aprovados pelos profissionais da seguradora.

Vários especialistas acreditam que até o ano de 2030, a metade dos trabalhos realizados pelas pessoas será realizada por uma forma de inteligência artificial.

Em 2023, os robôs de Inteligência artificial são capazes de criar com alta qualidade roteiros de filmes, músicas, pinturas, poesias, livros, teses, artigos etc.

É provável que nos próximos anos, muitos artistas sejam substituídos por robôs inteligentes.

A inteligência artificial é capaz de escrever roteiros de filmes, de compor músicas, de desenvolver jogos digitais, de inventar novas receitas, de criar estratégias de segurança digital etc.

Os profissionais da chamada economia criativa (cinema, literatura, pintura, gastronomia, música etc.) estão sofrendo a concorrência da inteligência artificial.

A IA vem impactando tanto os trabalhadores de atividades operacionais repetitivas, quanto as profissões da economia criativa.

A inteligência artificial facilita o processo criativo dos artistas, pois ela é capaz de gerar um cardápio de opções sobre o trabalho a ser realizado e de criar diversas combinações.

Como a IA é capaz de filtrar e organizar as combinações, os artistas podem criar trabalhos relacionados com cada uma das opções.

O objetivo da inteligência artificial é estimular a colaboração entre os artistas e as máquinas para expandir o alcance da criatividade humana.

Os robôs inteligentes de invenção de receitas trabalham com os cozinheiros para criar combinações novas de alimentos.

Os cozinheiros humanos têm a tendência de criar pratos muitos parecidos, por isso a inteligência artificial agrega valor ao sugerir um caminho diferente para as receitas.

A IA é treinada para não ter uma coerência narrativa nas receitas da gastronomia e por isso ela propõe inovações "fora da caixa".

A inteligência artificial é capaz de modificar o processo criativo dos artistas, por causa do baixo custo para produzir uma grande quantidade de opções.

Os softwares inteligentes que produzem trilhas sonoras com base em acordes gravados no estúdio permitem que a criatividade dos artistas alcance um novo patamar.

O artista escolhe a duração da trilha sonora, o seu formato (alegre, animada, romântica ou etc.) e o seu ritmo (rock, pop, samba etc.) e a inteligência artificial gera diversas opções.

A indústria do cinema, teatro, televisão etc. precisa de trilhas sonoras tanto criadas exclusivamente por artistas humanos, quanto pelo trabalho cooperado dos artistas com a inteligência artificial.

Por mais elaborado e cuidadoso que seja o treinamento de uma IA, existe sempre a tendência de uniformização dos trabalhos produzidos por ela.

É preciso um treinamento baseado em um volume gigantesco de dados diversificados para evitar a tendência de homogeneização dos resultados da IA.

Uma inteligência artificial treinada por um grande volume de dados não diversificados tem a tendência de repetir os padrões já conhecidos.

Ainda é muito difícil encontrar a situação em que um robô inteligente sugere que um sofá seja exposto em uma galeria de arte, pois a IA não considera o sofá como uma peça de arte.

As oportunidades de trabalho no mercado artístico estão vindo em diversas frentes.

Os assistentes pessoais virtuais dos escritores estão sendo treinados pelos roteiristas para desenvolver uma personalidade.

Diversos roteiristas e escritores estão trabalhando no desenvolvimento da personalidade dos assistentes virtuais.

O diferencial humano agrega muito valor aos projetos que estão sendo desenvolvidos de IA.

Os profissionais criativos têm um futuro bastante promissor no campo da inteligência artificial.

Os profissionais de recursos humanos, tecnologia, redatores, roteiristas, diretores, atores etc. estão participando ativamente da criação da personalidade dos assistentes virtuais.

Na prática, a inteligência artificial deve ser encarada como uma ferramenta inteligente nas mãos de um artesão.

A inteligência artificial abriu portas em vários setores da economia, por exemplo, as empresas de recursos humanos usam a tecnologia para selecionar os candidatos.

Já existem no mercado, plataformas inteligentes que criam jogos digitais novos. Os sistemas inteligentes de gastronomia usam um mapa de sabores desenvolvido pelos cozinheiros para sugerir novas receitas.

Os roteiristas estão usando os robôs inteligentes treinados com uma grande quantidade de roteiros de ficção científica para criar textos novos.

Os softwares inteligentes de edição musical combinam os acordes gravados nos estúdios e criam trilhas sonoras novas.

Já é possível escrever, ilustrar um livro em um curto prazo usando os sistemas disponíveis de inteligência artificial.

É evidente que é preciso fazer as verificações de suspeita de plágio antes de publicar o livro.

Os robôs inteligentes de conversas e os geradores inteligentes de arte, permitem que uma pessoa "dê vida" para um livro sem ter que aprender sobre as tecnologias de IA.

Em poucas horas é possível produzir um livro e publicar a obra em uma livraria digital.

A capa do livro pode ser criada em um gerador inteligente de arte e a descrição pode ser criada pelo robô inteligente de conversa.

Em janeiro de 2023 todo o processo de criação do livro é gratuito e está acessível para todas as pessoas na internet.

O uso da inteligência artificial na criação de um livro tanto pode ser elogiado, quanto criticado.

Como a inteligência artificial é treinada com textos e imagens existentes, existe sempre o risco de plágio para o texto e figuras.

Muitas pessoas podem entender que o autor da obra roubou os direitos autorais de quem criou o material para o treinamento da IA, pois sem este material, o autor não teria sido capaz de criar o livro.

É sem sombra de dúvida alguma, uma forma válida de interpretar o resultado produzido pela inteligência artificial.

A regulamentação da inteligência artificial é um tema que deve ser tratado com urgência pelos legisladores.

É muito importante o envolvimento remunerado dos artistas no treinamento da inteligência artificial.

É preciso respeitar e remunerar o talento, a habilidade e o trabalho duro dos artistas e dos demais envolvidos no treinamento de uma IA.

A função de manutenção de software vem sendo substituída por processos automatizados inteligentes.

A IA faz a manutenção de software através da análise dos dados e corrige o código.

Ainda não é possível identificar todas as consequências da automação e da inteligência artificial no mercado de trabalho.

Existem casos, em que a IA abriu uma nova área de trabalho na organização de tecnologia.

Em outros casos, ela eliminou diversos postos de trabalho sem criar demandas novas.

A tendência em 2023 é que a IA crie postos novos de trabalho nos países desenvolvidos e elimine postos de trabalho nos países menos desenvolvidos.

É possível que na segunda metade da segunda década do século XXI algumas vagas dos desenvolvedores, roteiristas, projetistas, desenhistas, ilustradores, escritores, pintores etc. sejam eliminadas.

Os algoritmos já conseguem criar ilustrações, textos, teses, vídeos etc. via imagens ou comandos de texto.

Os robôs de conversas conseguem responder diversas questões complexas e gerar textos para diversas finalidades.

Os algoritmos inteligentes, podem tanto agregar valor para os artistas, quanto podem substituir o trabalho deles.

Na sociedade atual, algumas pessoas vão preferir pagar para usar um aplicativo inteligente para criar uma obra de arte e outras vão preferir contratar um artista humano.

(Artistas processam empresas que geram arte com IA por violação de direitos autorais, https://g1.globo.com/tecnologia/noticia/2023/01/18/artistas-processam-empresas-que-geram-arte-com-ia-por-violacao-de-direitos-autorais.ghtml, acessado em 14/04/2023). As disputas entre humanos e IA chegaram ao ponto em que os artistas gráficos estão protestando contra as imagens geradas pela IA.

Muitos artistas gráficos estão reclamando que os algoritmos estão sendo treinados com trabalhos artísticos sem autorização prévia dos autores.

Os especialistas afirmam que é baixa a probabilidade das vagas dos editores de vídeo, dos escritores e dos artistas gráficos serem ocupadas por uma inteligência artificial nos próximos anos.

No entanto, é bastante alta a probabilidade das vagas dos operadores de caixa, dos inspetores de transporte e dos analistas financeiros serem ocupadas por uma inteligência artificial nos próximos anos.

Muitos acreditam que a IA somará vagas no mercado de trabalho, ou seja, alguns postos de trabalho serão eliminados e as pessoas desligadas ocuparão postos de trabalho mais especializados.

Para estas pessoas, a inteligência artificial abrirá mais vagas de trabalho do que fechará.

Na extração mineral, as tarefas consideradas impraticáveis e perigosas estão sendo realizadas pelos robôs.

A IA é uma tecnologia poderosa que vai acabar com alguns trabalhos em todas as áreas e que vai beneficiar milhões de pessoas pela redução dos custos.

A redução de custos da IA vai permitir que milhões de pessoas excluídas do mercado consumidor participem da economia e sociedade.

A eliminação de alguns postos de trabalho é uma má notícia para algumas pessoas e a redução dos custos é uma boa notícia para milhões de pessoas.

Antes da IA, diversos empregos morreram e a sociedade encontrou novos pontos de equilíbrio.

Depois da IA, novos trabalhos nascerão todos os dias, pois a automatização não eliminou o surgimento de problemas.

Os problemas nas indústrias geraram ou modificaram diversos trabalhos realizados no chão da fábrica.

Os problemas geram uma demanda por profissionais com diversos tipos de capacidades e habilidades.

Os robôs nas fábricas geraram o remanejamento dos funcionários para outras tarefas.

Em outras palavras, a inteligência artificial vai criar um sistema produtivo novo e as empresas vão contratar profissionais experientes com capacidades e habilidades de criatividade, raciocínio lógico, atendimento ao público etc.

Infelizmente, a força de trabalho informal, que trabalha sem garantias legais será fortemente prejudicada pela introdução da IA na vida cotidiana das pessoas.

Na contabilidade, a inteligência artificial é capaz de tanto calcular a alíquota de imposto que deve ser paga em uma transação, quanto de organizar as entradas e saídas do caixa, quanto de preencher os formulários para pagar os impostos, quanto de gerar notas fiscais.

A IA automatiza o trabalho repetitivo dos contadores que consome a maior parte do tempo deles.

Com os sistemas inteligentes, os contadores têm tempo para orientar os clientes sobre a gestão do negócio.

O contador pode agora usar a sua inteligência e conhecimento na interpretação dos dados contábeis e agregar valor para os empresários.

Um atacadista passou a usar inteligência artificial na emissão de notas fiscais.

A IA captura informações como produto vendido e CNPJ do vendedor e comprador tanto para analisar em qual classificação contábil a transação se enquadra, quanto para identificar as regras fiscais que devem ser aplicadas, quanto para calcular o valor do imposto, quanto para identificar para quem o imposto deve ser recolhido.

A IA permite que o contador não gaste tempo procurando por mudanças nas leis tributárias.

Com os sistemas inteligentes, os contadores não mais precisam pesquisar se existem erros no modo como os seus clientes pagam os seus impostos.

A otimização do tempo do contador, permite que ele participe da gestão do negócio dos seus clientes.

A IA trabalha com os sistemas de fluxo de caixa e de vendas para identificar e classificar as entradas e saídas do caixa da empresa.
O contador recebe em tempo real as informações do fluxo de caixa e consegue antecipar em meses os problemas das decisões de compra e venda.

Os sistemas contábeis inteligentes aumentam a agilidade empresarial e reduzem os erros.

Antes da contabilidade inteligente, as empresas tinham um profissional para atualizar frequentemente os valores das alíquotas dos impostos dos produtos.

Muitos erros aconteciam porque inexistia sincronismo entre a frequência de atualização das alíquotas dos impostos feitas pelos contadores e as mudanças nas alíquotas feitas pelos governos.

As mudanças fiscais no Brasil são tão frenéticas que é comum encontrar casos de empresas trabalhando com percentuais incorretos.

É bastante improvável que a profissão do contador acabe nos próximos vinte anos, no entanto, ela será cada vez mais intelectual.

A IA é capaz de "ler" os documentos fiscais e capturar as informações mais relevantes.

Um escritório pequeno de contabilidade recebe diariamente centenas de notas fiscais que precisam ser classificadas e digitalizadas.

A IA recebe as notas fiscais enviadas pelos clientes do escritório de contabilidade e as classifica e digitaliza automaticamente.

(Saiba quem são os profissionais que recebem até 1,7 milhão de reais para treinar a inteligência artificial, https://www.osul.com.br/saiba-quem-sao-os-profissionais-que-recebem-ate-17-milhao-de-reais-para-treinar-a-inteligencia-artificial/, acessado em 14/04/2023). A introdução dos sistemas inteligentes na economia favorece o surgimento de vagas para treinadores de IA, desenvolvedores de softwares, cientistas de dados, analistas do conhecimento, engenheiros de robótica, desenvolvedores de chatbots, analistas de segurança física e virtual etc.

Os analistas do conhecimento do setor financeiro desenvolvem modelos usando os algoritmos para melhorar a produtividade da carteira de investimento.

Os analistas do conhecimento do varejo criam modelos usando os sistemas inteligentes para melhorar o desempenho das vendas.

As vagas pós-inteligência artificial, demandam por pessoas formadas e especializadas em matemática, engenharia, ciência da computação, física etc.

A inteligência artificial está transformando diversas profissões, pois ela elimina as atividades que não agregam valor ao mesmo tempo em que ela cria funções novas no mercado de trabalho.

Os analistas de negócio trabalham as suas decisões em função da análise analítica de dados e informações.

Capítulo 5

ChatGPT

O ChatGPT é uma aplicação do modelo Generative Pretrained Transformer 3 (GPT-3).

O ChatGPT é um modelo de linguagem natural que foi treinado para "entender" e "conversar" com as pessoas.

O ChatGPT é um sistema que é capaz de criar um plano, de escrever uma poesia, de compor a letra de uma música, de criar uma história, de encontrar os problemas em um código de programação, de explicar diversos conceitos, de responder com ironia etc.

A IA "conversa" em português, mas tem desempenho muito melhor quando a "conversa" é em inglês.

O ChatGPT foi treinado com quase dez milhões de documentos e tem vocabulário com bilhões de palavras de vários idiomas.

A IA foi treinada com os valores comportamentais, éticos e morais dos seus criadores, por isto ela não deveria gerar notícias falsas, nem desinformações.

O ChatGPT trabalha apenas com informações precisas e verdadeiras segundo os seus criadores e treinadores.

Em outras palavras, o conteúdo do treinamento do robô passou pelo crivo de um conselho curador.

A IA afirma nas suas respostas que não tem opiniões, nem crenças sobre todos os assuntos e que não gera conteúdo imoral ou prejudicial as pessoas.

Em hipótese alguma, a IA dissemina ideias prejudiciais, intolerantes, discriminatórias e criminosas.

A IA é capaz de criar um texto para justificar a ausência de uma pessoa em um determinado evento, de dar sugestões para passeios, presentes e celebrações, de criar mensagens irônicas bem-humoradas e de defender ideias estravagantes.

Para usar o ChatGPT é preciso preencher o cadastro e criar uma conta (Welcome to ChatGPT, https://chat.openai.com/auth/login, acessado em 14/04/2023).

Para criar a conta é preciso clicar no botão "sign up", digitar o endereço de e-mail e a senha.

No endereço de e-mail informado, o usuário receberá uma mensagem solicitando a confirmação do cadastro.

Na próxima etapa, o sistema solicita o nome, sobrenome e número de celular e envia um código de seis dígitos via SMS.

É preciso digitar o código recebido, para finalizar o processo de cadastramento da conta.

Após a finalização do cadastro, o sistema direciona a navegação automaticamente para a primeira página do ChatGPT.

Na página, é possível escolher entre criar um «New Chat» ou fazer uma pesquisa usando a barra de busca.

O menu de configurações permite mudar a formatação da tela e tem perguntas e respostas sobre o sistema.

O robô responde todas as perguntas sobre todos os assuntos em linguagem natural.

As respostas do ChatGPT não apresentam as fontes de onde o robô conseguiu as informações e por isso não é possível verificar a veracidade das respostas.

Existem alertas informando que as informações oferecidas pelo robô podem ser erradas ou falsas.

Para quem está procurando por uma vaga de trabalho, o ChatGPT oferece dicas tanto para encontrar um emprego, quanto para escrever o curriculum, e como deve ser o comportamento do candidato nas entrevistas.

Para quem não sabe qual presente é conveniente dar para uma pessoa do relacionamento comercial ou pessoal, o robô oferece diversas dicas.

O robô oferece também dicas sobre etiqueta, moda, jogos, música, livros, artigos etc.

Os amantes da culinária podem usar o ChatGPT para aprender a fazer as receitas típicas de um país, ou de bolos, ou de doces, ou de salgados, ou de sobremesas etc.

O robô mostra tanto os ingredientes necessários, quanto o modo de preparo do prato.

O envio de informações bem detalhadas para a inteligência artificial, gera uma resposta bastante específica.

É preciso tomar cuidado com o detalhamento das informações, pois o uso de algumas palavras (gírias, palavrões etc.) podem gerar uma resposta inadequada da inteligência artificial.

Os estudantes e curiosos podem solicitar que o ChatGPT esclareça as suas dúvidas em relação aos problemas de gramática, de ortografia, de história, de geografia, de biologia, de matemática, de química, de física etc.

O robô é capaz de resolver e explicar diversos problemas escolares para os estudantes de todos os níveis e idades.

Nas conversas em linguagem natural, o ChatGPT admite os seus erros, contesta as informações falsas e recusa as solicitações consideradas como inadequadas

O ChatGPT foi treinado com uma gigantesca quantidade de livros, de artigos, de publicações, de notícias etc., por isso ele é capaz de elaborar resenhas, ensaios, críticas, sinopses resumos etc., de responder mensagens, de escrever notas de felicitações, de escrever textos motivacionais, de planejar as atividades de um evento, projeto etc.

O robô é capaz de criar trabalhos acadêmicos, de escrever procurações, petições, cartas, livros, poesias, letras de músicas etc.

O ChatGPT consegue traduzir um texto para cerca de 100 idiomas, no entanto, as traduções podem ter falhas.

O inglês é a língua em que o robô apresenta o desempenho mais eficiente e eficaz.

A IA é uma rede neural autocondicionada que é capaz tanto de escrever artigos, teses, livros etc., quanto de traduzir textos em diversas línguas, quanto de gerar códigos em diversas linguagens de programação.

O robô tem a capacidade de aprender em função do contexto da interação e com isto, ele pode ser utilizado em diversas aplicações do mercado corporativo.

O ChatGPT foi treinado para oferecer respostas coerentes em uma conversa com um ser humano.

O treinamento de uma inteligência artificial é feito através de uma grande quantidade de dados.

Neste caso, o sistema aprende como reconhecer os padrões e os relacionamentos entre os dados.

O ChatGPT foi alimentado com uma grande quantidade de conversas para que ele encontre os parâmetros corretos das variáveis do modelo para oferecer respostas coerentes e agregadoras.

O treinamento é a base de sustentação do desenvolvimento de um sistema de aprendizado de máquina.
A IA encontra os padrões nos dados e identifica os relacionamentos entre os padrões para ser capaz de gerar respostas coerentes e precisas.

Como o modelo foi treinado com uma quantidade absurda de dados, as respostas da inteligência artificial são muito parecidas com as respostas de um ser humano extremamente bem-informado.

O ChatGPT escreve códigos em diversas linguagens de computação, explica as dúvidas dos estudantes sobre matemática, física, química, biologia etc. e escreve poesias simulando o estilo de um poeta etc.

Em resumo, o ChatGPT é um robô que é capaz de conversar sobre uma grande variedade de assuntos (futebol, política, matemática, física, história, geografia etc.).

A IA é capaz também de contar piadas e de oferecer conselhos amorosos ou profissionais.

O modelo da inteligência artificial ChatGPT trabalha com cerca de 100 trilhões de parâmetros.

O treinamento da IA, permite que o ChatGPT admita os seus erros, conteste afirmações incorretas e rejeite as solicitações inadequadas (neste caso estamos falando da visão do treinador ou dos treinadores ou dos desenvolvedores).

As respostas oferecidas pelo robô são geradas com base no aprendizado anterior e no reconhecimento de padrões.

Ou seja, a interação das pessoas com a IA gera aprendizado e melhora as respostas.

Existe o risco de o ChatGPT tornar as pessoas preguiçosas e menos inteligentes.

É um risco real que precisa ser contemplado nas políticas públicas de implantação da inteligência artificial.
Existe também, o risco de o ChatGPT tornar as pessoas mais interessadas em um determinado assunto e mais inteligentes e analíticas.

Na realidade, a forma como as pessoas usarão a IA determinará o resultado alcançado.

Por exemplo, se a IA for usada nas escolas para tirar individualmente e de forma personalizada as dúvidas dos alunos, o resultado será pessoas mais cultas e inteligentes.

Se os professores entenderem que o ChatGPT veio para ficar nas escolas e cobrarem os alunos por análises em tempo real das respostas dadas pela IA na sala de aula, então o resultado será alunos mais cultos.

Se tudo for feito como é feito hoje, a IA vai apenas servir para os alunos trapacearem e o resultado será uma sociedade menos inteligente.

O ChatGPT tem um enorme potencial para o atendimento e suporte aos clientes e usuários.

A IA oferece um enorme salto de qualidade para o atendimento das centrais de serviços.

Os usuários serão atendidos de forma personalizada e interativa e receberão respostas coerentes para as suas perguntas.

Em 2023, é comum encontrar a situação em que o cliente recebeu (de uma central de atendimento) uma resposta totalmente incoerente e irrelevante em relação ao seu questionamento.

O ChatGPT cria chatbots e assistentes virtuais para responder às perguntas dos usuários e para realizar tarefas automatizadas do atendimento aos clientes.

O ChatGPT analisa volumes gigantescos de dados e identifica os padrões que permitem melhorar o entendimento da opinião dos clientes.

O ChatGPT recebeu investimentos de mais de quinze bilhões de dólares para ser capaz de realizar tarefas complexas (escrever redações, artigos, teses, livros, poesias, músicas, petições jurídicas, traduzir textos, gerar códigos em diversas linguagens de programação etc.).

Não é possível imaginar neste momento, todas as revoluções que o ChatGPT vai gerar na sociedade nos próximos anos.
Codificadores podem aprender novas linguagens de programação em poucas semanas usando o ChatGPT.

As revoluções da era ChatGPT estão em curso em diversos setores da sociedade.

As universidades estão mudando os seus processos de ensino para lidar com mundo pós-ChatGPT, ou seja, mais provas orais e trabalhos supervisionados em tempo real.

O ChatGPT permite a automatização de tarefas que até então eram realizadas apenas pelos seres humanos (escrita, tradução, análise de informações e dados etc.).

O robô aprende com as interações e é capaz de oferecer soluções valiosas para as empresas.

O formato do treinamento do ChatGPT gera diversos impactos na empregabilidade, na privacidade e na ética.

O treinamento com diversos textos criados por seres humanos, permite a criação de um livro pela IA.

O conteúdo do livro é baseado nos textos usados nos treinamentos.

A governança da implantação da inteligência artificial precisa endereçar diversos temas referentes aos valores éticos da sociedade.

Um livro gerado pela IA é um novo formato de plágio?

Os autores dos textos usados no treinamento da IA devem ser previamente contactados e informados sobre a natureza do projeto para autorizar o uso do conhecimento gerado por eles?

Quando um livro ou artigo gerado pela IA é vendido, os autores dos textos usados no treinamento são remunerados?

É preciso encontrar um caminho para que o talento, a habilidade e o trabalho duro dos autores sejam remunerados e valorizados.

O uso não autorizado pelos autores pode gerar no momento seguinte, uma sociedade em que inexistem pessoas criando conteúdos novos.

O ChatGPT é capaz de criar teses, artigos, estórias, piadas, poesias, letras de músicas etc. para ajudar os criadores de conteúdo na produção de trabalhos em larga escala.

É provável que a automação gerada pela inteligência artificial vai levar para a eliminação de alguns postos de trabalho.

No entanto, é importante destacar que o ChatGPT vai criar atividades profissionais e oportunidades novas (por exemplo monitoramento e manutenção dos modelos dos algoritmos).

As políticas públicas de IA devem ser criadas para que os benefícios gerados pelos algoritmos sejam compartilhados pela sociedade.

Como os dados usados no treinamento do ChatGPT não podem ser viciados, o treinador precisa assegurar a diversidade dos dados e a transparência dos processos para garantir que a parametrização do modelo não reproduza os preconceitos existentes na sociedade.

É preciso ter certeza de que o conteúdo usado no treinamento do robô não tenha informações falsas, desinformações, preconceitos etc.

Os desenvolvedores são responsáveis pelos resultados gerados pelo ChatGPT, por isso o processo de manutenção da IA deve identificar e corrigir os erros.

O uso de conteúdo incorreto no treinamento do ChatGPT pode favorecer a disseminação de notícias falsas e de opiniões extremistas.

A transparência do processo de treinamento da IA deve estar presente no dia a dia das pessoas.

Os autores do conhecimento utilizado no treinamento e os usuários do ChatGPT precisam entender como o treinamento foi realizado.

A transparência gera confiança e assegura que a tecnologia está sendo usada de forma correta e em conformidade com a legislação.

A educação no pós-ChatGPT é bastante desafiadora, pois a realidade em 2023 é de muita desinformação e polarização.

É preciso incorporar com urgência a educação sobre inteligência artificial nas escolas públicas para que as crianças recebam informações corretas e confiáveis.

É preciso incluir na grade escolar as disciplinas sobre lógica, ciência da computação, ética da tecnologia e análise de dados.

É preciso educar os adultos também, por isto é preciso realizar nas empresas, comunidades etc. eventos e cursos tanto para disseminar informações corretas e confiáveis sobre inteligência artificial, quanto para revelar as oportunidades geradas pela tecnologia.

É preciso que a política pública de implantação da IA exija que as empresas atuem com transparência sobre como estão usando a inteligência artificial, os algoritmos, os dados etc.

A sociedade tem o direito de saber como a tecnologia está sendo usada no dia a dia.

É preciso que a política pública da implantação da IA exija que a imprensa e as mídias sociais disseminem informações corretas e confiáveis sobre inteligência artificial e combatam a desinformação.

É preciso que a política pública promova diálogos amplos e inclusivos sobre a inteligência artificial para que as diversas perspectivas e opiniões sejam compartilhadas e comentadas.

Os desafios da política pública são complexos e multidisciplinares, por isto inexiste uma receita de bolo que assegure que o ChatGPT será usado de forma correta e ética.

É preciso que a política pública da implantação da IA invista em um processo de melhoria contínua para que os debates sobre os desafios permitam a identificação de soluções que enderecem as necessidades de todos os membros da sociedade.

Os principais benefícios para a sociedade gerados pela IA estão relacionados com a automação de atividades perigosas, com a melhoria da tomada de decisão dos gestores e administradores públicos e privados, com a geração de novas oportunidades de negócio e com a geração de novos tipos e formatos de empregos.

O ChatGPT é capaz de escrever discursos, obituários, artigos, petições, reportagens, ensaios etc., no entanto ele não é capaz de criar um conteúdo inédito, pois o texto será sempre uma espécie de réplica do conteúdo original.

Um compositor coloca as suas emoções (dor, sofrimento, alegria etc.) no processo de criação de uma música.

Em muitos casos a criação de uma música inédita, é um processo de desconstrução do passado em que o artista caminha para além dos limites da sua obra.

A inteligência artificial está até o momento limitada ao conteúdo usado no seu treinamento.

O sistema de ensino já começou a testar a capacidade do ChatGPT na criação de trabalhos escolares.

É uma estratégia interessante, para que os professores conheçam o conteúdo criado pela inteligência artificial e percebam as diferenças em relação ao conteúdo criado pelos alunos.

A primeira coisa importante é que o ChatGPT de 2023, não foi treinado com conteúdo após o ano de 2021, ou seja, os educadores que solicitam trabalhos com temas atuais para os alunos sabem que eles não foram feitos pela inteligência artificial.

Os alunos podem ser estimulados a aprender as regras gramaticais através do uso do ChatGPT.

Algumas escolas entendem que o melhor estratagema é bloquear o ChatGPT nas suas instalações.

Muitos educadores entendem que a proibição é ineficaz e os alunos vão usar o robô na execução das suas tarefas escolares.

Os professores, podem e devem usar o robô para que eles reconheçam o seu estilo de escrita e percebam facilmente se o texto foi escrito por um aluno ou por uma máquina.

Muitas vezes o texto é bem escrito pelo robô, mas é totalmente equivocado em termos de consistência dos fatos.

Um professor bem versado no assunto é capaz de reconhecer instantaneamente as bobagens escritas pelo robô.

Em outras palavras, o tema do trabalho escolar faz muita diferença na hora de descobrir quem é o autor.

Os professores descobriram, que os trabalhos escolares mais sofisticados fazem com que a resposta do robô seja menos convincente.

Diversos professores estão testando os limites do robô usando uma lista de perguntas com complexidade crescente.

Os educadores estão avaliando se as respostas recebidas são satisfatórias.

Os educadores, já perceberam que é muito difícil o robô dar uma resposta errada e os argumentos usados na justificação da resposta tem um bom nível de sofisticação.

Os educadores querem descobrir se o ChatGPT é uma oportunidade para melhorar a educação dos alunos ou para aumentar a deseducação deles.

Alguns professores entendem que o robô atrapalha o desenvolvimento dos alunos, pois ele inibe o desenvolvimento das habilidades de pensamento crítico e resolução de problemas.

Outros educadores entendem que a inteligência artificial é um caminho sem volta na educação e que o robô deve ser usado como uma ferramenta auxiliar do ensino, para que todos percebam as suas limitações e virtudes.

Os professores que pedem aos alunos para fazer o seu trabalho de casa usando o ChatGPT, também pedem que eles justifiquem a resposta.

No universo pós-IA, os estudantes podem ser chamados para avaliar, de forma individual ou coletiva, um texto gerado pelo robô durante a aula e neste caso é estimulado o desenvolvimento do pensamento crítico e da resolução de problemas.

Muitos educadores já incluíram o ChatGPT nas suas aulas.
Os professores querem entender qual a capacidade dos alunos de avaliar as respostas dadas pelo robô.

O objetivo destas escolas é estimular os alunos para descobrir o que o robô "pensa" sobre um determinado tema.

Os professores, diretores e administradores escolares estão reavaliando os procedimentos em sala de aula pós-ChatGPT.

Em muitos casos, o formato da aprendizagem sofrerá uma transformação enorme.

Os professores estão mudando o formato dos seus cursos, através de avaliações orais, de trabalhos colaborativos e de atividades relacionadas com a explicação e justificação das respostas do ChatGPT para um determinado assunto.

É preciso que o ensino mude os seus paradigmas e encontre um caminho novo para lidar com a inteligência artificial generativa.

Em diversas escolas, os professores reduziram a quantidade de trabalhos feitos em casa e aumentaram a quantidade tanto de trabalhos feitos na sala de aula, quanto de exames orais.

Para inibir o uso do robô nas tarefas escolares, os professores estão solicitando trabalhos sobre a vida pessoal dos alunos e sobre os acontecimentos atuais.

No pós-ChatGPT, as redações com tese, introdução, parágrafos adicionais e conclusão já não são boas o suficiente para os educadores.

É preciso que os alunos apresentem textos em que a imaginação, criatividade e análise estejam presentes.

É muito importante que as escolas eduquem os alunos sobre as tecnologias existentes no mercado, por isto diversas instituições de ensino incluíram a inteligência artificial nos cursos obrigatórios.

Os alunos precisam ter exemplos concretos sobre as tecnologias novas para que exista a integridade acadêmica.

A inclusão da inteligência artificial generativa nas definições de plágio, pode levar o ensino para uma era arcaica.

A inclusão da inteligência artificial generativa nas definições de plágio impede que os alunos entendam a utilidade das ferramentas de IA no seu dia a dia.

O ChatGPT gera ideias para trabalhos acadêmicos, depura problemas de codificação, facilita o compartilhamento do conhecimento e evita o trabalho redundante nas escolas.

Os alunos precisam entender o significado dos textos e códigos gerados pelo robô, pois a IA não é perfeita.

Os alunos precisam ter capacidade analítica e conhecimento para reconhecer os erros e encontrar soluções.

Vários educadores entendem que a era do aprendizado com base na "decoreba" e na produção burocrática de conteúdo terminou.

Para estes professores, o principal objetivo da escola está relacionado à forma de ensinar os alunos como desenvolver uma construção coletiva de conhecimento, como inovar, como criar, como inventar etc.

Em outras palavras é preciso ensinar como usar o cérebro de forma produtiva na era do conhecimento.

O ChatGPT tem limitações e pontos positivos, por isso a escola precisa adaptar a forma de ensinar e avaliar.

Os educadores sabem que aumentou o nível de dificuldade para avaliar os trabalhos dos alunos.

Os professores precisam solicitar que os alunos desenvolvam projetos e façam apresentações em tempo real para responder às perguntas das atividades.

Os professores precisam detectar as dificuldades dos alunos de alguma forma e encontrar caminhos para superar as barreiras.

As repostas rasas do ChatGPT para as perguntas sobre opiniões é um trunfo dos educadores para estimular o pensamento crítico dos estudantes.

Nas questões envolvendo opiniões, o aluno não poderá recorrer ao robô e terá que formular uma linha de pensamento bem fundamentada.

Os professores podem estimular os alunos para usar o ChatGPT como um ponto de partida da tarefa escolar.

Uma outra vantagem do uso do ChatGPT no ensino, é a necessidade de os alunos formularem perguntas consistentes para a inteligência artificial.

As perguntas mal formuladas geram respostas que são ou incompletas ou incorretas.

Como a IA não foi treinada com os assuntos mais recentes, as perguntas sobre atualidades terão que ser respondidas pelos alunos.

As limitações da IA permitem que os educadores proponham debates individuais e em grupo com base nas respostas do ChatGPT.

Os alunos que não sabem por onde começar um projeto, usam o robô inteligente para desenvolver a ideia inicial de uma iniciativa.

Os alunos em preparação para o vestibular podem solicitar que o ChatGPT faça perguntas sobre um determinado assunto.

A inteligência artificial é um formato de treinamento individualizado que pode gerar resultados espetaculares em termos da produtividade do ensino.

A IA é capaz de criar tutoriais interativos que estimulam o autoaprendizado dos alunos.

Quando o aluno estiver com dúvida sobre a sua resposta para uma questão proposta pelo professor, ele pode perguntar para IA sobre a resposta.

O ChatGPT permite que os alunos gastem menos tempo em tarefas meramente mecânicas e com isto passem mais tempo no desenvolvimento de trabalhos criativos.

Os alunos que não têm recursos para viagens ao exterior, podem treinar a sua fluência em um idioma estrangeiro "conversando" com o robô.

Toda tecnologia tem um lado bom e um lado ruim, no caso do ensino, o robô gera uma ótima oportunidade para debater a ética no relacionamento aluno e escola.

Algumas entidades privadas do conhecimento estão se movimentando no território da ética e proibiram o uso do ChatGPT na escrita ou correção de artigos científicos.

O plágio é considerado um problema grave e o ChatGPT facilita a prática e dificulta a sua detecção.

Na prática, como ainda não existe uma ferramenta para determinar com total certeza se um artigo científico foi escrito com o auxílio do robô, isto faz com que a proibição determinada pelas entidades privadas perca efetividade.

O ChatGPT é uma ferramenta valiosa para a produtividade, pois ela economiza milhões de horas na elaboração de mensagens, planos, projetos, softwares etc.

O uso menos nobre do robô é uma consequência do fato de que a finalidade do uso de uma tecnologia inteligente depende do usuário.

O desenvolvedor e o treinador da IA devem entender que são responsáveis em alguma dimensão quando a tecnologia é usada com uma finalidade nociva.

O ChatGPT não pode tornar o ser humano dependente da IA, as pessoas não podem ser preguiçosas e devem assumir o papel de protagonista.

Os efeitos positivos ou negativos dos avanços do ChatGPT, exigem que o governo e as organizações privadas criem uma regulamentação eficiente para o uso da IA no dia a dia dos cidadãos.

O ChatGPT ainda não é capaz de gerar conhecimento, pois a criação de conhecimento exige uma interação de causa e efeito entre as informações.

O ChatGPT foi treinado nos Estados Unidos e por isto a realidade que ele conhece é a realidade do ponto de vista norte-americano.

Isto significa que as questões locais de uma cidade, ou estado ou país podem não ser mencionadas nas respostas do robô.

A análise de código de programação pode ser feita com o auxílio do ChatGPT, pois ele é capaz de examinar e melhorar o código através da interação com o programador.

É evidente que o programador pode estar desenvolvendo um malware ou um vírus, ou um ransomware, ou algum tipo de software malicioso para atacar uma pessoa, uma escola, uma empresa, um governo etc.

O uso do ChatGPT pode facilitar tanto os ataques digitais contra as pessoas e organizações, quanto o terrorismo cibernético.

É preciso impor restrições ao universo da inteligência artificial antes que os malfeitores descubram que ela pode ser usada nos seus golpes.

O ChatGPT tem incríveis recursos para escrever um malware sofisticado, malicioso e avançado.

É possível contornar os filtros de conteúdo do ChatGPT e criar um malware, através da reformulação da solicitação ou do uso de Application Programming Interface (API).

Em janeiro de 2023 não existiam filtros de conteúdo para as solicitações feitas por API.

O ChatGPT é capaz de alterar o código produzido e criar várias versões do código malicioso.

Solicitações contínuas geram um código mutante altamente evasivo e de difícil detecção pelas ferramentas de segurança digital.

O uso da API do ChatGPT dentro do malware, gera módulos que executam diferentes ações conforme a necessidade do malfeitor.

É o caso de um malware polimórfico que não apresenta comportamento suspeito enquanto está armazenado no disco e não tem uma lógica maliciosa quando armazenado na memória.

O elevado nível de adaptabilidade do código malicioso torna o malware evasivo para as ferramentas de segurança digital que detectam um programa malicioso com base na assinatura.

Um malware polimórfico inteligente é capaz de contornar as medidas antimalware.

A codificação assistida por uma IA é uma realidade que a sociedade precisa assimilar.

Os malfeitores podem contornar via API as condições de contorno do ChatGPT e podem usar a IA para criar uma notícia falsa usando fatos verdadeiros e causar sérios danos na imagem das pessoas ou das organizações públicas e privadas.

Os textos das mensagens de phishing usadas nos golpes virtuais podem ser criados usando o robô.

Os profissionais de segurança digital estão usando o ChatGPT para analisar os códigos suspeitos e melhorar a prevenção contra as ameaças cibernéticas.

As empresas de segurança digital precisam incentivar os funcionários para alavancar as funcionalidades do robô.

Os analistas podem solicitar que o ChatGPT analise um código suspeito e identifique a parte maliciosa dele.

Os profissionais de segurança digital, podem usar o ChatGPT para elaborar um documento detalhado que responde aos incidentes de segurança em conformidade com uma metodologia de segurança em poucos minutos.

O relatório apresenta a análise de códigos maliciosos e malware e sugere soluções.

A IA é capaz de aprender as diferenças que existem entre os códigos legítimos e os códigos maliciosos.

O robô treinado com uma gigantesca quantidade de dados é capaz de prever quais códigos terão comportamento nocivo no futuro.

O ChatGPT torna a vida mais fácil e simples a vida dos usuários mal-intencionados com poucos conhecimentos técnicos, pois o robô é capaz de criar um ataque pouco conhecido pelos profissionais de segurança.

Os agentes de ameaças sabem que podem "driblar" as regras de conduta do ChatGPT através de um cenário pseudo verdadeiro e fazer o robô gerar um código que pode ser transformado em malicioso com alguns pequenos ajustes.

Alguns grupos estão trabalhando no desenvolvimento de desbloqueios para que o sistema de controle do ChatGPT seja quebrado.

Capítulo 6

Soluções inteligentes

Uma inteligência artificial reconheceu os padrões do Grande Pergaminho de Isaías e auxiliou os pesquisadores da Universidade de Groningen (Holanda) no processo de análise do texto.

A empresa Google lançou em 2020, uma ferramenta de inteligência artificial que é capaz de traduzir os hieróglifos egípcios para o inglês e o árabe (Fabricius, https://artsandculture.google.com/experiment/fabricius/gwHX41Sm0N7-Dw, acessado em 14/04/2023).

A ferramenta permite o envio de mensagens usando os hieróglifos egípcios.

Como existem mais de mil hieróglifos diferentes, o processo de tradução pelos seres humanos é lento e trabalhoso.

A inteligência artificial vem sendo treinada para reconhecer os hieróglifos pelo aprendizado por imagens desde o ano de 2017.

O trabalho colaborado dos pesquisadores identificou cada um dos símbolos e gerou a biblioteca da inteligência artificial.

Os pesquisadores egiptologistas só precisam tirar uma foto dos símbolos e enviar para a inteligência artificial.

Em alguns segundos, eles recebem a tradução dos símbolos.

Em 2023, a inteligência artificial está presente de uma forma direta ou indireta, nos tratamentos dos pacientes, na escrita de petições, no atendimento aos clientes, na escolha dos profissionais nos processos seletivos etc.

As empresas de diversos setores da economia querem aumentar a sua produtividade e melhorar o seu processo de tomada de decisões.

Nos hospitais, os médicos não dependem apenas dos seus conhecimentos para tratar os seus pacientes.

A inteligência artificial está sendo usada, no processo de definição do tratamento dos pacientes.

Os médicos têm agora a sua disposição milhões de artigos científicos sobre as doenças e as indicações de tratamentos.

As informações do prontuário eletrônico do paciente são enviadas para a inteligência artificial e em poucos segundos ela envia as sugestões de tratamento.

A velocidade de crescimento do volume de informações médicas vem aumentando de forma considerável nos últimos anos, por isto um médico não tem condições de estar atualizado o tempo todo.

A multiplicação quase exponencial da quantidade de informações médicas eliminou a possibilidade de gestão humana do conhecimento.

O sistema inteligente sugere as diversas alternativas de forma organizada e o médico conversa com o paciente para tomar a melhor decisão possível sobre o tratamento.

O processo seletivo de profissionais de algumas empresas envolve milhares de candidatos.

Até recentemente, os currículos eram avaliados por centenas de profissionais de recursos humanos.

Muitos erros e preconceitos ocorriam no processo de seleção dos candidatos.

Em 2023, a inteligência artificial analisa os currículos e os questionários respondidos pelos candidatos inscritos.

Com base no histórico dos profissionais de melhor desempenho da empresa, o sistema inteligente analisa os fatores relacionados com a probabilidade de sucesso do candidato na empresa e identifica os melhores candidatos para a vaga.

A seleção feita pela inteligência artificial permite uma considerável redução da quantidade de candidatos chamados para as entrevistas.

O processo de seleção e recrutamento agora ficou mais simples, ágil e organizado com a inteligência artificial.

Os escritórios de advocacia estão usando a inteligência artificial para escrever petições e contratos.

O sistema inteligente analisa as respostas do advogado e as compara com os documentos produzidos anteriormente pelo escritório para decidir a melhor forma para escrever as petições e contratos.

A automação das atividades que são trabalhosas, que tomam muito tempo das pessoas e que exigem pouco conhecimento e reflexão aumentou consideravelmente a produtividade dos escritórios de advocacia.

Com o fim das tediosas atividades repetitivas e improdutivas, os advogados podem focar o seu tempo nas conversas com os clientes e no desenvolvimento de teses jurídicas consistentes.

Por causa da IA, em 2023, o advogado é menos dependente da sua capacidade de memorização e executa menos tarefas repetitivas e improdutivas.

Todos os documentos com preenchimento padronizado e repetitivo podem ser escritos pela IA.

Na área de atendimento aos clientes e usuários, a inteligência artificial envia, via um chat, as respostas e instruções para as solicitações e perguntas dos clientes e usuários.

Os treinamentos dos usuários e clientes de uma determinada tecnologia são reforçados com a personalização oferecida pela IA.

É possível agendar, sem a interferência humana, os atendimentos presenciais dos serviços públicos e privados.

A inteligência artificial calcula com maior precisão que os seres humanos a demanda da venda e o planejamento da produção de um determinado produto.

O sistema inteligente trabalha com as variáveis do desempenho da economia local, do clima, da sazonalidade do consumo e do histórico de vendas para projetar a demanda de um produto.

O franqueador ou o fabricante é capaz de sugerir aos franqueados ou varejistas a quantidade de venda de cada item de forma personalizada.

No caso dos cartórios, a inteligência artificial automatiza a autenticidade dos documentos e das informações fornecidas pelas pessoas pela verificação dos dados fornecidos e análise do histórico.

A inteligência artificial permitiu a adoção de um processo de aprovação mais rápido e rigoroso dos motoristas pelas empresas de entregas.

A análise de dados da inteligência artificial está reduzindo os desperdícios nas linhas de montagem e a manufatura de produtos feitos fora das especificações.

A indústria está aumentando a sua produtividade ao mesmo tempo em que reduz o seu impacto ambiental.

A inteligência artificial é a grande aliada da indústria para aumentar a sua produtividade, para reduzir o impacto ambiental da sua produção e para melhorar os seus indicadores de sustentabilidade.

O funcionamento das máquinas e o uso dos recursos na indústria está sendo otimizado pela análise das informações coletadas pelos sensores em função do histórico da produção, clima, economia local etc.

Os algoritmos estão definindo a melhor fórmula para produzir plásticos reciclados em função das variáveis econômicas, da demanda dos consumidores, do clima etc.

A inteligência artificial combina a resina produzida na fábrica com o plástico recolhido pela reciclagem.

As decisões sobre o produto e a melhor formulação são apoiadas pela inteligência artificial que gera as diversas alternativas.

Uma indústria usou a inteligência artificial para produzir centenas de milhares de toneladas de plástico.

Esta indústria reduziu em quase 40% o volume de plásticos produzidos fora da especificação.

A inteligência artificial oferece diversas sugestões para mudar o tipo de resina que está sendo produzido.

O sistema inteligente informa a formulação e o modo de preparo do plástico conforme o cenário da demanda.

Antes da IA era preciso analisar no laboratório uma amostra da produção para ter certeza que o produto estava dentro das especificações.

O processo de análise e configuração do reator consumia algumas horas para alcançar o resultado desejado.

Com a IA, este processo foi automatizado e a sua duração é de alguns minutos.

A análise de ciclo de vida do plástico, permite o entendimento da "pegada ambiental" de um produto e gera alternativas para a sua redução.

A inteligência artificial trabalha com a parametrização da linha de produção e com as informações de mercado para gerar uma resposta em horas.

No processo antigo, era preciso esperar no mínimo três meses para ter o resultado da análise do ciclo de vida do plástico.

Os sensores nas fábricas capturam os dados da linha de produção e do consumo de água e energia.

A inteligência artificial trabalha os dados coletados e gera alarmes que permitem uma intervenção rápida na linha de produção.

A IA no setor industrial está eliminando os desperdícios e aumentando a produtividade.

O sistema inteligente analisa as tendências e gera alertas que antecipam problemas como o entupimento de uma tubulação.

Dezenas de horas de paralisação da indústria estão sendo eliminadas pela manutenção antecipada habilitada pela IA dos diversos componentes da linha de produção.

A inteligência artificial estima a demanda, levando em conta os indicadores da economia local, clima etc. e sinaliza o momento ideal para limpar os componentes da linha de produção.

A IA analisa a temperatura do ambiente, umidade do ar, estimativa de demanda etc. para definir a configuração ótima dos fornos industriais para que a produção de alimentos seja feita com o menor consumo de gás e com a maior eficiência.

A inteligência artificial habilita a virtualização do ambiente físico da fábrica e cria um ambiente em que é possível analisar a demanda e o melhor sequenciamento para a linha de produção.

A otimização do uso de insumos habilitada pela IA permite a definição de uma estratégia ótima para o tamanho do estoque e uso da matéria-prima.

O aumento da produtividade da indústria gera um importante ganho de sustentabilidade ambiental.

No campo, os sistemas inteligentes estão aumentando a produtividade das lavouras e reduzindo o consumo de água, sementes, energia elétrica, combustível, defensivos agrícolas etc.

A melhor utilização da terra aumenta a produtividade da lavoura e reduz os custos e preços dos alimentos. O bolso agradece e a natureza também.

As informações enviadas pelos sensores sobre o plantio, adubação, pulverização, colheita etc. são analisadas pela inteligência artificial para aumentar a produtividade de cada cultura e para gerar resultados melhores nas safras seguintes.

O sistema inteligente sugere e configura os equipamentos em tempo real para otimizar a velocidade das máquinas na hora da plantação para minimizar a quantidade de sementes em cada local e para que a quantidade de água utilizada seja a ideal.

Os produtores rurais estão usando a inteligência artificial para aumentar a produção de alimentos no mesmo tamanho de terra.

O varejo está usando a IA para melhorar a experiência dos usuários e para aumentar o volume de vendas.

Um portal de e-commerce mais rápido e intuitivo e com mais facilidades, melhora a experiência de compra dos clientes.

É preciso oferecer no portal as mesmas ações, promoções e facilidades das lojas físicas para que a experiência do cliente seja similar em todos os canais de vendas.

A inteligência artificial está sendo utilizada para personalizar as várias áreas do portal conforme as preferências do cliente.

A navegação nos programas de relacionamento é fortemente individualizada e tem ofertas exclusivas compatíveis com o perfil do cliente.

A IA é capaz de tornar a jornada do cliente no portal uma experiência única e exclusiva.

Os sistemas inteligentes estão transformando a relação do cliente com o varejo.

Diversos desejos de consumo dos clientes estão sendo oferecidos pelos varejistas.

A realidade aumentada permite que o cliente visualize como um móvel, eletrodoméstico etc. fique no espaço disponível na sua residência ou escritório ou consultório.

O cliente consegue avaliar de uma forma fácil e intuitiva se a geladeira, fogão, sofá, cadeira, micro-ondas, ou armário etc. cabe no espaço disponível, se entra no elevador do seu prédio, se passa pelas portas etc.

Os sistemas inteligentes, permitem que o varejo ofereça um canal exclusivo e personalizado com conteúdo focado nas novidades, nas revisões dos produtos, nas dicas dos especialistas e nos eventos especiais.

No futebol, a inteligência artificial está sendo utilizada para ajudar os árbitros de vídeo na sua tomada de decisão.

A inteligência artificial indica para o árbitro de vídeo se o lance avaliado foi legal ou ilegal.

A IA identifica o momento do passe, a posição dos jogadores e cria uma linha de impedimento.

A inteligência artificial reduz bastante o tempo gasto no processo de avaliação de uma jogada pelos árbitros de vídeo.

A inteligência artificial está trabalhando 24 horas por dia, sete dias por semana para realizar as tarefas repetitivas do poder judiciário.

Os robôs estão analisando dezenas de milhares de processos em poucos dias e liberando os humanos para realizar atividades mais produtivas.

A produtividade elevada dos sistemas inteligentes reduziu para uma dezena de dias, uma análise que era executada por 11 funcionários e demorava aproximadamente 600 dias.

A IA acelerou o andamento de milhares de processos que caminhavam muito lentamente ou que estavam parados.

Os seres humanos não gastam mais a maior parte do seu de trabalho realizando atividades repetitivas e de baixo valor agregado ou conferindo documentos.

O robô analisa as petições iniciais, faz a triagem inicial dos processos e gera um relatório padronizado sobre o processo.

A inteligência artificial converte as imagens dos documentos em textos, localiza os documentos no banco de dados, identifica os processos relacionados e classifica os processos em função da sua incidência.

Com o sistema inteligente, os juízes podem agrupar os processos repetitivos e julgá-los em conjunto.

A inteligência artificial é capaz de bloquear e desbloquear as contas bancárias dos réus e de emitir certidões.

Os robôs "leem" os documentos dos processos e geram uma lista de tarefas que deve ser analisada e aprovada por um funcionário do poder judiciário.

Após a aprovação, a IA categoriza e rotula os processos para otimizar a execução das tarefas repetitivas e para assegurar a qualidade do sistema jurídico.

A inteligência artificial aumenta a produtividade do poder judiciário, pois ela elimina a necessidade dos funcionários de executar tarefas repetitivas.

Por exemplo, a IA classifica autonomamente um documento como pedido de bloqueio de bens ou como citação ou como suspensão do processo etc.

A inteligência artificial vem permitindo um aumento rápido e significativo na quantidade de decisões e sentenças proferidas pelo poder judiciário.

A automatização das etapas de tramitação processual (juntada de documentos, intimação, citação, envio ao ministério público, defensoria etc.) gerou um aumento em larga escala da produtividade da justiça.

O agrupamento de milhares de atos jurídicos repetitivos permite que os juízes tomem as suas decisões com mais elementos.

A inteligência artificial está sendo treinada para atuar como um advogado de defesa.

As pessoas que querem contestar multas recebidas, faturas indevidas etc. podem ir aos tribunais acompanhadas por um advogado robô.

A inteligência artificial conversa com o réu e informa ao processado as respostas que ele deve dar para os questionamentos do juiz.

O assistente jurídico inteligente foi treinado utilizando uma base de conhecimento com centenas de milhões de casos jurídicos.

O robô é capaz de elaborar a defesa do réu e de responder perguntas feitas pela acusação.

Existe um grande aumento de produtividade pela redução dos custos em relação à contratação de um advogado humano.

Os ganhos de escala do algoritmo, permitem que o réu pague um valor muito menor que o preço de um advogado humano.

O robô pode ser usado nos processos administrativos e judiciais relacionados com faturas indevidas, multas de trânsito, condominiais etc.

Alguns juízes estão usando a inteligência artificial para esclarecer as suas dúvidas sobre a legislação e proclamar a sua sentença.

A aplicação mais comum dos sistemas inteligentes é classificar, categorizar, triar e recuperar as informações dos documentos.
É importante destacar neste momento que o sistema judiciário está usando a inteligência artificial para elaborar diversos documentos.

Os juízes estão usando os robôs inteligentes para selecionar os processos semelhantes e as fontes de referências para embasar as suas sentenças e decisões.

Os tribunais de justiça estão usando a inteligência artificial para triar, classificar e identificar os processos para que os juízes recebam um pacote coerente, confiável e robusto de informações.

Os juízes podem analisar diversos casos similares em paralelo e decidir sobre todos os casos de uma só vez.

Os tribunais também estão usando os sistemas inteligentes para garantir o cumprimento das ordens judiciais.

A inteligência artificial elabora e envia os mandados, localiza um oficial de justiça e estabelece um prazo para o cumprimento da sentença.

Os juízes também estão usando a inteligência artificial para verificar se um processo trata de um tema já julgado pelo Supremo Tribunal Federal (STF), pois a decisão do STF pode ser aplicada para casos idênticos.

No Brasil, os escritórios de advocacia estão usando os algoritmos inteligentes nos casos de baixa complexidade.

A área fiscal brasileira tem um acúmulo de milhares de processos e os robôs inteligentes estão sendo usados para fazer as minutas de despacho das decisões.

Até agora, o trabalho para encontrar vazamentos de água da rede pública era lento e ineficiente.

A inteligência artificial é capaz de analisar os ruídos na rede pública de água subterrânea e de gerar relatórios sobre a análise.

Um sensor captura em alguns segundos os sons da rede pública de água e a IA faz a análise e envia um alarme caso identifique algum problema.

(Cem maiores cidades do Brasil perdem 36% da água tratada, aponta ranking, https://www1.folha.uol.com.br/cotidiano/2023/03/cem-maiores-cidades-do-brasil-perdem-36-da-agua-tratada-aponta-ranking.shtml, acessado em 14/04/2023).

Em algumas cidades brasileiras, a perda de água potável na rede e nos ramais é de mais de 40%.

As pessoas pagam pela água e recebem apenas uma conta cara que é fruto de vazamentos no encanamento, de erros na calibração dos hidrômetros, de ligações clandestinas etc.

A inteligência artificial calcula o consumo típico de um sistema de abastecimento e compara com consumo em tempo real para identificar possíveis vazamentos, perdas, fraudes etc.

O primeiro efeito gerado pela inteligência artificial em uma sociedade é ou o aumento da produção ou a redução do trabalho.

Um artista que usa a inteligência artificial para criar desenhos, pode usar a IA tanto para fazer mais desenhos, quanto para trabalhar menos.

Como a inteligência artificial pode ser aplicada em praticamente todos os setores da economia, isto significa que é possível produzir mais gastando menos ou ter menos pessoas produzindo bens e serviços.

É um grande salto para a produtividade da economia de uma sociedade, no entanto, existem colaterais negativos.

Menos pessoas produzindo significa que ou foram eliminados postos de trabalho ou a renda do trabalho caiu.

As habilidades e capacidades duramente conquistadas através de vários anos de estudo e trabalho estão perdendo valor com a introdução da IA na sociedade.

O segundo efeito da introdução da inteligência artificial em uma sociedade, é o impacto negativo no valor de mercado das várias atividades profissionais

Ao longo do tempo, a inteligência artificial altera significativamente a distribuição de renda de uma sociedade.

A realização de atividades repetitivas pela inteligência artificial reduz o valor dos trabalhos com remuneração menor e aumenta o valor dos trabalhos especializados.

Se não existir nenhum mecanismo de compensação, a inteligência artificial aumenta a desigualdade de renda na sociedade, ou em outras palavras, os ganhos de produtividade do primeiro momento são perdidos no segundo momento.

É preciso criar uma política pública para estimular os avanços da inteligência artificial, para beneficiar a sociedade e para ajudar os que perderam renda e trabalho.

As maneiras para compensar os perdedores são trabalhosas e custosas, mas elas devem ser implementadas para que toda a sociedade colha os benefícios gerados pelos sistemas inteligentes.

A política pública deve ter o seu foco na capacitação das pessoas para que elas sejam capazes de produzir valor agregado num mundo mais inteligente.

O ritmo do progresso da inteligência artificial é bastante intenso, por isso é preciso trabalhar com afinco para identificar as atividades que serão realizadas pelos humanos e pelas máquinas.

É preciso identificar também quais capacidades, habilidades e conhecimentos serão demandados pelo mercado nos próximos anos.

Os ganhos de produtividade gerados pela inteligência artificial são grandes o suficiente para "matar" a ferramenta de pesquisa Google?

A evolução exponencial dos ganhos de produtividade de uma inteligência artificial de linguagem natural exige um volume bilionário de investimento.

O custo do treinamento de uma inteligência artificial de linguagem natural exige a criação de modelo estratégico para que o sistema inteligente esteja sempre atualizado.

O modelo de negócio da IA precisa gerar dinheiro para bancar as pesquisas feitas pelos desenvolvedores da solução.

Respostas erradas ou incompletas podem arruinar a reputação de uma inteligência artificial.

Muitas vezes, as pessoas fazem buscas na internet com informações incompletas ou erradas, por isto para que a inteligência artificial enfrente em condições de igualdade a ferramenta de pesquisa Google, ela precisa trabalhar com entradas imprecisas.

A ferramenta de pesquisa Google trabalha com uma base de conhecimento gigantesca e por isto consegue encontrar informações sobre uma grande quantidade de assuntos.

Para que a inteligência artificial alcance a mesma performance, ela precisa ser treinada por uma base gigantesca de conhecimento e para tal, o modelo de negócio precisa gerar muito dinheiro.

A ferramenta de pesquisa Google indexa praticamente toda a internet e isto gera um efeito bem diferente de trabalhar com bilhões de parâmetros no modelo do algoritmo.

O corretor ortográfico da ferramenta de pesquisa Google permite a correção automática de palavras erradas.

A inteligência artificial precisa corrigir a ortografia se ela quiser competir em condições de igualdade com a ferramenta de pesquisa Google.

É muito importante que as pessoas sejam informadas sobre a fonte de uma resposta.

A fonte de uma informação é normalmente revelada pela ferramenta de pesquisa Google.

A IA precisa de um mecanismo semelhante para as fontes das informações se quiser competir neste mercado.

As respostas da inteligência artificial são mais objetivas e didáticas que a ferramenta de pesquisa Google, pois nem sempre a resposta encontrada pela ferramenta endereça a necessidade do usuário.

Muitas vezes a quantidade grande de respostas da ferramenta de pesquisa Google atrapalha mais do que ajuda.

A inteligência artificial permite o aprofundamento do detalhe de uma resposta, pois ela entende que a próxima pergunta está relacionada à pergunta anterior.

A produtividade gerada pela ferramenta de pesquisa Google é muito menor que a gerada pela IA quando é preciso aprofundar a resposta recebida.

As vantagens e desvantagens da produtividade gerada pela inteligência artificial e ferramenta de pesquisa Google revelam que os dois sistemas conviverão em paralelo por bastante tempo.

A produtividade de um motor de busca na internet aumenta exponencialmente com a inteligência artificial generativa.

A taxa de resultados relevantes salta para um outro patamar com o robô inteligente.

A transformação de links que direcionam os usuários para outras páginas na internet em respostas para as perguntas gera um salto gigantesco na produtividade do buscador.

O internauta que recebe respostas rápidas personalizadas para as suas perguntas economiza muito tempo e dinheiro.

O motor do buscador que responde com diversos links, faz o usuário ler uma grande quantidade de textos que não endereçam a sua necessidade de informação.

Existe um elevado consumo improdutivo de energia elétrica e de tempo do internauta nesta situação.

O motor do buscador integrado com a inteligência artificial responde de forma personalizada à pergunta do internauta e economiza muito tempo e energia elétrica. A natureza agradece e o bolso também.

A inteligência artificial está revolucionando a maneira como as pessoas pesquisam e encontram respostas na internet.

A conversa em linguagem natural é capaz de hipnotizar os usuários dos mecanismos de pesquisa.

A capacidade da inteligência artificial de fornecer respostas completas em vez de links criou uma forma de relacionamento nova entre os usuários e os mecanismos de pesquisa.

Em vez de receber uma lista de sites, o usuário recebe uma janela que apresenta o conteúdo solicitado.

A IA aprende com os seus erros e é capaz de melhorar a sua resposta a cada interação com os usuários.

Com a inteligência artificial, a pesquisa online é uma conversa com uma pessoa com elevado conhecimento.

A IA do mecanismo de pesquisa é capaz de sintetizar o conteúdo das consultas dos usuários e de responder perguntas complexas.

A IA do mecanismo de busca pode capturar conteúdos impróprios para as crianças e adolescentes, por isto é preciso que existam filtros contra a pornografia, terrorismo etc.

Como a IA tem os seus valores éticos, morais, comportamentais etc. definidos pelos criadores e treinadores do sistema é preciso que um conselho curador assegure o desenvolvimento de filtros para o conteúdo impróprio.

É muito fácil encontrar na internet conteúdo racista, tendencioso, tóxico, pornográfico, misógino etc.

A inteligência artificial do mecanismo de pesquisa precisa filtrar o conteúdo impróprio.

Em breve os mecanismos inteligentes de pesquisa serão remunerados por anúncios (como os existentes atualmente) e por assinaturas.

A inteligência artificial aumenta a produtividade dos investimentos, porque ela é capaz de correlacionar os fatos políticos e econômicos do mercado local e global e criar um cenário probabilístico do comportamento futuro de um determinado ativo.

As pesquisas realizadas pelo algoritmo permitem o entendimento com base em fatos e números dos riscos envolvidos em uma determinada iniciativa e do retorno potencial do investimento.

A identificação dos principais fatores de risco de uma iniciativa, permite que o investidor adote a estratégia de diversificar os investimentos equilibrando os riscos com os ganhos potenciais.

A IA considera no mapeamento dos riscos e ganhos potenciais, os custos de cada uma das iniciativas do portifólio de projetos.

O robô trabalha as suas análises econômicas de longo prazo com base no desempenho da economia local, na política monetária, no tamanho da dívida pública, na capacidade do governo de rolar a dívida pública, na taxa de inflação, no câmbio etc.

A inteligência artificial não é capaz de prever o futuro de um portifólio de projetos, por isto é muito importante que o mapa de riscos e ganhos potenciais considere várias fontes de informação.

O aumento da produtividade do portifólio de projetos, exige que as decisões relacionadas com os investimentos sejam tomadas usando a análise analítica de dados e informações.

O processo da análise analítica deve incluir a participação de profissionais experientes e qualificados.

A inteligência artificial não oferece certezas para os investimentos, ela oferece sugestões com base na análise analítica dos diversos fatores da economia.

É muito importante destacar que a IA comete erros e por isto é preciso que o treinamento dela seja realizado utilizando uma ampla base de conhecimento sem vieses de comportamento.

A inteligência artificial é capaz de otimizar os processos das empresas do mercado publicitário e aumentar a sua produtividade.

A IA escreve textos, roteiros etc., oferece sugestões para as reuniões de pauta, faz desenhos e imagens a partir de comandos escritos e desenvolve programas publicitários.

O lado ruim da inteligência artificial é que ela não é capaz de propor novos usos para os objetos, por exemplo, uma cadeira é feita para se sentar, ou seja, a IA nunca vai sugerir pendurar a cadeira no teto de uma casa.

O robô economiza várias horas de pesquisa ao fazer em segundos diversas sugestões de texto para uma campanha publicitária.

Em 2023, existem diversos profissionais do mercado publicitário que acreditam que serão substituídos em breve por um sistema inteligente.

Uma parte dos publicitários acredita que a inteligência artificial vai tomar o lugar dos profissionais envolvidos na criação e produção de textos, imagens, vídeos e músicas.

A IA é capaz de produzir uma campanha publicitária baseada em campanhas anteriores bem-sucedidas.

A inteligência artificial analisa a taxa de sucesso ou fracasso de centenas de milhares de campanhas similares e faz recomendações e sugestões para a campanha que está sendo desenvolvida.

O modelo econômico do mercado publicitário de pagamento por trabalho realizado gerou uma espécie de "leilão reverso" em que o preço de venda é cada vez menor.

Por causa da redução do faturamento, as agências de publicidade estão buscando alternativas para reduzir os custos.

A Inteligência artificial é uma importante ferramenta de redução de custos, pois ela é capaz de criar uma campanha publicitária sem a necessidade de pagar por ilustradores, desenhistas, roteiristas, redatores etc.

Os donos das agências de publicidade acreditam que conseguirão ganhos de produtividade tão elevados com a inteligência artificial que apenas um redator qualificado será necessário para criar e entregar todas as campanhas.

As agências acreditam que o conhecimento profundo do redator permite que ele treine o algoritmo da IA para criar uma campanha publicitária de alta qualidade.

Infelizmente, o aumento da produtividade elimina diversos postos de trabalho nas agências de publicidade.

Os assistentes de redação inteligentes são capazes de criar a primeira versão do texto de uma campanha em diversas línguas.

A boa notícia para os profissionais do mercado publicitário é que serão abertas vagas para os treinadores de IA, para os revisores de texto, para os criadores de conteúdo e para os tradutores.

A principal missão destes profissionais está relacionada com a eliminação de frases preconceituosas ou inadequadas nas campanhas publicitárias.

Os textos publicitários entregues para os clientes, exigem que o treinamento da IA seja contínuo e com conteúdo inédito e adequado.

Os textos usados no treinamento precisam ser na mesma língua e cultura do texto entregue para o cliente, por isto muitas vagas para tradutores serão abertas com a intensificação do uso da IA no mercado publicitário.

Em diversos casos, a IA faz em segundos quase 90% do trabalho necessário para criar uma campanha publicitária.

O redator pode trabalhar os dados de mercado, escolher um estilo (comédia, drama etc.) para a peça publicitária e adotar o estilo de escrita de um humorista, dramaturgo, novelista etc.

O redator escolhe o estilo do conteúdo conforme o perfil do cliente e faz os ajustes no texto criado pela IA para entregar uma campanha que enderece as necessidades e expectativas do contratante.

Em poucos minutos, o sistema inteligente é capaz de criar uma narrativa que até pouco tempo atrás demandava mais de dez horas de trabalho.

O redator trabalha a narrativa criada pela IA para que o conteúdo entregue enderece os requisitos do cliente.

A consequência negativa da automação é a redução da demanda por redatores temporários.

No entanto, a boa notícia, é que a IA aumenta a demanda por profissionais capazes de eliminar do conteúdo, o uso exagerado de frases prontas, adjetivos e advérbios.

A produtividade do estudo do clima e agricultura, previsão do tempo vem crescendo significativamente com o uso da inteligência artificial treinada com os dados dos satélites.

A inteligência artificial está sendo utilizada na pesquisa dos impactos causados pelas mudanças climáticas.

O sistema inteligente responde às perguntas sobre o clima usando os dados enviados pelos satélites.

Diversas dezenas de trilhões de dados enviados pelos satélites estão sendo utilizados para o treinamento da IA.

Os seres humanos não conseguem analisar no curto prazo os trilhões de dados enviados pelos satélites.

O sistema inteligente é capaz de identificar com precisão o local de um desastre natural, de avaliar a produtividade de uma plantação agrícola, de prever o tempo etc.

O sistema inteligente é treinado com centenas de milhares de artigos científicos e livros sobre o estudo do clima.

A crise climática que está em curso, exige previsões climáticas mais precisas e rápidas tanto para mitigar os efeitos das mudanças climáticas, quanto para entender o impacto da redução das emissões de gases nas mudanças climáticas.

A inteligência artificial é capaz de criar uma imagem a partir da descrição detalhada ou não de uma pessoa.

Os artistas gráficos podem aumentar a sua produtividade usando um sistema inteligente para criar as imagens.

(Foto do papa usando casaco estiloso foi criada por inteligência artificial, https://www.uol.com.br/tilt/noticias/redacao/2023/03/26/foto-do-papa-usando-casaco-estiloso-foi-criada-por-inteligencia-artificial.htm, acessado em 14/04/2023). Os malfeitores também são beneficiados com o robô, pois eles podem criar em poucos segundos imagens, fotos e vídeos falsos.

Os criminosos propagadores da desinformação podem usar a IA para criar um texto fraudulento, fazer o texto ser falado com a voz de uma pessoa e criar imagens, fotos e vídeos falsos.

A inteligência artificial permite que os malfeitores alcancem um nível novo de sofisticação nos seus ataques.

A IA alcançou um nível de qualidade que é preciso colocar marcadores indeléveis nos arquivos (imagens, fotos, vídeos etc.) gerados por ela.

Os sistemas inteligentes podem também gerar conteúdo preconceituoso, por causa de falhas no seu treinamento.

Os textos, imagens, fotos, vídeos etc. usados no treinamento da IA não podem conter conteúdo preconceituoso.

A governança da implantação da IA deve ter regras rígidas contra a criação de pornografia, discursos de ódio, trollagem etc.

Durante o treinamento, o sistema inteligente analisa centenas de milhões de imagens e respectivas legendas e identifica os padrões, ou seja, a IA reconhece as ligações que existem entre as imagens e as descrições.

Quando uma pessoa descreve uma imagem para a IA é gerado um conjunto de características que alimenta o modelo de difusão e cria uma imagem.

Nem sempre a IA entende a descrição fornecida, por isto o processo de treinamento é contínuo.

A produtividade dos desenhistas está aumentando expressivamente com o uso de uma inteligência artificial que cria e edita vídeos.

Usando uma imagem ou vídeo, o desenhista ou roteirista precisa apenas escrever o que ele quer que aconteça e a IA faz todo o trabalho de criação ou edição do vídeo em poucos segundos.

A inteligência artificial que modifica um conteúdo existente ou cria vídeos usando uma imagem inicial é uma ferramenta que permite que os desenhistas e roteiristas trabalhem em um formato mais produtivo na hora de testar as suas ideias, ou de experimentar movimentos e ações.

A inteligência artificial trabalha a imagem inicial com o seu modelo de difusão e utiliza o texto digitado pelos artistas para editar ou criar um vídeo.

Os artistas podem experimentar diversas situações inusitadas durante o seu processo criativo e escolher a que mais se encaixa no objetivo do projeto.

Como o sistema inteligente transforma uma imagem pronta em um vídeo é possível criar cenários extravagantes para os vídeos.

Por exemplo uma praia em um deserto com animais extraterrestes e dinossauros.

Os artistas estão alcançando resultados empolgantes com a ferramenta que trabalha também com modelos tridimensionais.

O modelo de difusão é capaz de criar movimentos tridimensionais a partir de um texto.

(‹ChatGPT do vídeo›, inteligência artificial cria cenas a partir de palavras ou imagens, https://www1.folha.uol.com.br/tec/2023/03/chatgpt-do-video-inteligencia-artificial-cria-cenas-a-partir-de-palavras-ou-imagens.shtml, acessado em 14/04/2023). Uma IA transforma a imagem inicial em um vídeo usando a replicação e projeções geométricas em perspectiva e o editor de vídeo gera uma animação de alta qualidade.

A ferramenta pode ser utilizada na produção de propaganda, animações curtas etc.

Mais uma vez caímos no desafio da governança da implantação da inteligência artificial, pois os malfeitores podem usar o sistema inteligente para enganar as pessoas, para promover desordem e para chantagear as autoridades públicas e privadas.

A integração da inteligência artificial com os editores de texto, planilhas eletrônicas, geradores de apresentações gera rapidamente um conteúdo visual de alta qualidade com pouco esforço.

Como existem dezenas de milhões de pessoas produzindo conteúdo online e gerando renda, os ganhos de produtividade da sociedade serão elevados.

A integração da inteligência artificial nas plataformas de reuniões virtuais, tornam estes encontros mais produtivos e personalizados, pois cada pessoa pode solicitar a geração de um resumo da reunião conforme o seu foco de atuação.

Os ganhos de produtividade gerados pela inteligência artificial deixaram os profissionais de diversos setores da economia com a pulga atrás da orelha.

Muitos dos profissionais de marketing, tecnologia de informações, central de atendimento etc. acreditam que o sistema inteligente seja um concorrente perigoso no mercado de trabalho.

(Amazon cortará 9.000 empregos em segunda rodada de demissões, https://www1.folha.uol.com.br/mercado/2023/03/amazon-cortara-nove-mil-empregos-em-segunda-rodada-de-demissoes.shtml, acessado em 14/04/2023). Muitas empresas estão usando os ganhos de produtividade da IA para automatizar algumas tarefas e reduzir o seu quadro de funcionários.

As pesquisas realizadas com os funcionários pós-inteligência artificial sinalizam que muitas pessoas acreditam que a IA roubará o seu trabalho.

Profissionais do setor de finanças, educação, tecnologia, marketing, central de atendimento etc. estão muito preocupados com os ganhos de produtividade gerados pela IA.

Cerca de 25% do setor de tecnologia acredita que a IA irá criar softwares com necessidade mínima de supervisão humana.

Os profissionais do setor de marketing e vendas estão vendo a IA criar textos, entrar em contato com os clientes e responder dúvidas com elevado nível de efetividade e, por isto, estão sentindo que o seu emprego está ameaçado.

Em particular, os profissionais menos experientes dos setores de tecnologia, finanças e marketing têm medo de que a IA "roube" o seu trabalho.

Os menos experientes têm o dobro de preocupação do impacto da IA na sua atividade profissional, pois o sistema inteligente aumentou a produtividade do trabalho em quase 50%.

As empresas estão percebendo os ganhos de produtividade e estão reduzindo a mão de obra e economizando milhões com a folha de pagamento.

Uma grande parte das empresas de Tecnologia de Informações e Comunicações está demitindo e reduzindo o número de funcionários por causa do uso da inteligência artificial (‹Big techs› demitem mais de 50 mil pessoas em 3 meses - G1, https://g1.globo.com/tecnologia/noticia/2023/01/20/por-que-as-big-techs-estao-demitindo.ghtml, acessado em 14/04/2023).

As agências de publicidade alcançaram ganhos de produtividade de quase 80% e por isto muitas delas encerraram por completo as contratações de profissionais temporários.

A inteligência artificial está sendo usada para escrever os sermões falados pelos líderes das igrejas.

Os pastores estão usando a inteligência artificial para escrever textos sobre a importância de Deus no dia a dia dos fiéis.

O avanço da linguagem natural fez com que a IA entrasse nas igrejas, missas etc.

A IA é capaz de escrever convincentes sermões ancorados na Bíblia para os pastores.

Os líderes religiosos estão avaliando como a inteligência artificial pode colaborar com a missão da igreja.

A inteligência artificial está sendo usada para juntar as peças do quebra-cabeça dos sermões religiosos.

Os sistemas inteligentes são capazes de ajudar ao pastor como ele deve falar com os seus fiéis em diversas línguas.

Muitos sermões já foram falados, por isto, os pastores estão usando a IA para repaginar esses textos.

Capítulo 7

Esportes

A inteligência artificial pode ser treinada com os dados de desempenho dos jogadores de futebol para prever o resultado de um jogo de futebol.

Com os dados do desempenho recente dos jogadores, das previsões das condições climáticas das partidas, das condições dos gramados, dos desempenhos dos árbitros, das condições emocionais dos jogadores etc. é possível que a IA consiga calcular qual é a probabilidade do resultado de uma partida (vitória, empate e derrota).

A inteligência artificial não é capaz de adivinhar o futuro, ou seja, ela não vai cravar um vencedor ou o goleador da partida.

A IA apenas oferece as probabilidades dos eventos com base em uma grande quantidade de dados do passado e dos dados em tempo real da partida.

Uma defesa diversas vezes vazada em uma determinada jogada tem alta probabilidade de ser vazada novamente na mesma jogada.

As imprevisibilidades do jogo de futebol não permitem que a IA faça uma afirmação categórica sobre o resultado.

A IA é capaz de processar os lances da partida em tempo real e calcular a probabilidade de um gol ou defesa em poucos segundos.

Os apostadores podem usar estas probabilidades para alavancar as suas chances de vitória.

Os produtores de eventos esportivos podem usar a inteligência artificial para fazer o atendimento aos clientes respondendo às perguntas repetitivas dos fãs (horário e local do jogo, disponibilidade dos ingressos, localização das lojas presenciais e virtuais dos times etc.).

Como são perguntas repetitivas, a IA economiza tempo, dinheiro e recursos dos produtores e entrega respostas rápidas e corretas.

A inteligência artificial pode ser treinada com os conteúdos dos eventos passados para criar conteúdos novos nas redes sociais com estilo semelhante.

É possível economizar muito tempo dos talentos humanos e entregar conteúdos novos e relevantes para os fãs.

A IA também pode ser usada para fazer a análise dos jogos, criar resumos sobre os eventos esportivos e publicar estes conteúdos nas redes sociais.

Para os fãs, as análises têm valor inestimável.

Quando a IA é treinada com um conjunto grande de resumos de jogos, ela é capaz de criar e publicar resumos com informações e previsões em tempo real para os fãs.

A IA é capaz de transcrever e traduzir para diversas línguas em poucos segundos os conteúdos falados.

Neste caso, os produtores eliminam a necessidade dos seus talentos de executarem uma tarefa repetitiva e tediosa.

A inteligência artificial, pode tanto ajudar os detentores de direitos a se tornarem mais globais, quanto automatizar tarefas repetitivas, quanto reunir comunidades em torno dos jogos, quanto ajudar as organizações produtoras de eventos esportivos.

O objetivo é conquistar o coração dos fãs através do desenvolvimento de conteúdo.

Os produtores esportivos podem automatizar diversas tarefas repetitivas do dia a dia do negócio e liberar os seus funcionários para descobrirem formas mais criativas para divulgar os eventos.

Capítulo 8

Apostas

Em 2023, diversas empresas estão oferecendo sistemas inteligentes de previsão de resultados esportivos para os apostadores.

A inteligência artificial é capaz de encontrar padrões rapidamente, logo, ela consegue encontrar padrões de desempenho nos times ou atletas em poucos segundos.

O uso de fontes públicas atualizadas do desempenho dos jogadores e dos resultados dos jogos permite que a inteligência artificial calcule a probabilidade de sucesso de uma aposta esportiva.

O pensamento de usar o aprendizado de máquina para prever os resultados do futebol está na mente de muitas pessoas.

Muitos estão trabalhando em algoritmos que pretendem acertar mais de 80% dos resultados e assim dissipar o risco de perder dinheiro nas apostas.

Muitas pessoas acreditam que um algoritmo confiável é capaz de gerar uma fortuna para o seu desenvolvedor e treinador.

Já existem algoritmos com precisão entre 50 e 70% em alguns esportes e, no entanto, os seus criadores não ficaram milionários.

Os motivos pelos quais os criadores dos algoritmos não ficaram milionários com as apostas esportivas estão relacionados com os seguintes aspectos:

O primeiro é o mais óbvio, as casas de apostas estão usando algoritmos de aprendizado de máquina para definir os prêmios das apostas, ou seja, quanto maior a precisão da previsão da IA menor é o prêmio pago.

O segundo motivo, também é obvio, as casas de apostas não aceitam apostas de clientes com alto sucesso nas apostas.

As apostas de um apostador que ganha com frequência, não são aceitas pelas casas de apostas e por causa disso a quantidade de dinheiro que o apostador pode ganhar é bastante limitada.

Para alcançar um retorno de investimento de 10%, o criador da IA tem que trabalhar arduamente no treinamento do algoritmo e na diversificação das casas de apostas.

É muito difícil que o desenvolvedor de um modelo de aprendizado de máquina para apostas esportivas consiga conquistar uma renda média.

É muito mais fácil que ele consiga uma renda maior trabalhando com as suas habilidades e capacidades em ciência de dados.

A regra básica que a casa de apostas nunca perde continua válida na era da inteligência artificial.

Apesar dos espinhos, existe pelo menos uma rosa neste jardim.

As apostas instantâneas são um nicho do mercado que os desenvolvedores podem explorar.

O uso da inteligência artificial nas câmeras de vídeos especializadas em esportes, permite que os apostadores analisem em tempo real as probabilidades de uma equipe fazer um gol ou uma cesta etc. durante um ataque.

O apostador terá apenas poucos segundos para decidir a aposta no lance instantâneo.

Os sistemas inteligentes rápidos e precisos são uma vantagem competitiva neste nicho de mercado.

Capítulo 9

Conclusões

A inteligência artificial é um modelo matemático (algoritmo) que simula a inteligência humana, automatiza a execução de tarefas repetitivas ou perigosas para as pessoas e cria soluções para problemas complexos com base na análise analítica de dados e informações.

A IA é capaz de prever doenças, otimizar os sistemas de logística, melhorar a efetividade energética, ajudar as pessoas na tomada de decisão, cuidar dos pacientes de forma personalizada, ajudar as pessoas com necessidades especiais etc.

O impacto da inteligência artificial na economia e mercado de trabalho pode ser positivo ou negativo.

Os sistemas inteligentes podem aumentar a efetividade e produtividade das empresas e com isto criar empregos novos em setores emergentes da economia.

(ChatGPT vai roubar meu emprego? Estudo mostra profissões mais expostas à IA, https://www.uol.com.br/tilt/noticias/redacao/2023/04/06/chatgpt-vai-roubar-seu-emprego-estudo-mostra-profissoes-mais-expostas-a-ia.htm, acessado em 14/04/2023). A automação gerada pela inteligência artificial gera a eliminação de vagas nos setores mais tradicionais da economia.

As empresas e os governos precisam investir o mais cedo possível na educação das pessoas e na pesquisa e desenvolvimento de tecnologias inovadoras.

Os governos precisam estabelecer com urgência uma política clara para a privacidade e segurança dos dados das pessoas.

Na educação, a inteligência artificial permite a personalização do currículo conforme a necessidade do aluno.

Os assistentes educacionais digitais ajudam os alunos na solução dos problemas.

A realidade virtual pode ser utilizada na educação para simular na casa do aluno a execução de um experimento realizado no laboratório.

É preciso que o governo estabeleça um código de conduta transparente para que a implantação de uma IA não gere consequências graves para a sociedade e indivíduos em termos da segurança e privacidade dos dados.

A governança da implantação da inteligência artificial protege os direitos de segurança e privacidade das pessoas.

A governança é um conjunto de normas e regulamentações que protege os direitos das pessoas e minimiza ao máximo os riscos relacionados com a implantação da IA.

A segurança digital inteligente, detecta e previne os ataques através da monitoração da rede em tempo real.

O objetivo da IA é identificar as atividades maliciosas e as tendências e padrões dos ataques.

Em breve, diversos setores da sociedade usarão os recursos da inteligência artificial para melhorar a vida das pessoas.

Para que os sistemas inteligentes avancem com sustentabilidade, é preciso que as questões relacionadas com a ética e segurança da IA sejam entendidas por todos os cidadãos.

O desenvolvimento e implantação da IA no dia a dia das pessoas exige alto nível de consciência e responsabilidade de todos os atores envolvidos.

A IA permite a criação de uma versão digital de uma pessoa através das respostas de milhares de perguntas.

Perguntas sobre os relacionamentos, comidas, experiências, escolaridades, atividades profissionais, hobbies, preferências etc. definem o seu "eu digital".

O robô classifica, categoriza e organiza todas as informações sobre a infância, os relacionamentos, a personalidade, as conquistas, as preferências etc. para criar a versão digital da pessoa.

O sistema inteligente também captura as informações armazenadas nas redes sociais.

O "eu real" treina a IA com fotos, vídeos, áudios, documentos etc. para aperfeiçoar o seu "eu digital".

O dono de um estabelecimento comercial, pode usar o seu "eu digital" para atender os clientes em diversas lojas.

Um vendedor famoso pode criar um "eu digital" e "alugar" para diversas lojas, restaurantes etc.

Em outras palavras, existem diversos usos comerciais e pessoais para o "eu digital".

É possível alavancar o uso da inteligência artificial na produção de conteúdo personalizado.

Já existe um sistema inteligente que cria um roteiro de vídeo de 1000 palavras sobre um determinado assunto.

O roteiro gerado pela IA é a entrada para a inteligência artificial que cria um filme com base no roteiro.

O filme criado pode ser automaticamente publicado na internet usando um assistente virtual.

Uma terceira inteligência artificial pode ser utilizada para criar o texto e vídeo de divulgação do filme.

Um "eu digital" ou um "personagem digital" pode ser utilizado no vídeo de divulgação para propagandear o filme nas redes sociais.

É claro que o filme gerado pode ter erros, informações falsas etc., por isto é preciso revisar o conteúdo gerado e repetir o processo com os devidos ajustes algumas vezes.

A inteligência artificial é capaz de imitar a voz de um ser humano e criar áudios que não foram "falados" pela pessoa.

Os malfeitores podem usar a IA para transformar uma frase dita por uma pessoa em uma outra completamente falsa.

A governança da implantação da IA entende que é preciso criar urgentemente um marcador para os áudios criados pelos robôs.

A IA recebe o áudio de uma pessoa e o fragmenta em pequenos "pedaços (fonemas)" que permitem a sintetização das características de voz da pessoa.

Os pequenos "pedaços" são combinados para formar uma frase nova e a IA gera um áudio com o ruído ambiente igual ao áudio original ou ela substitui o ruído ambiente por um outro.

A IA foi treinada com dezenas de milhares de gravações de milhares de pessoas.

Uma inteligência artificial foi projetada para trabalhar com os aplicativos que convertem textos em voz.

O objetivo é facilitar a vida das pessoas com dificuldades na fala.

É possível usar fala falsa gerada pela IA para burlar a segurança dos assistentes virtuais e dispositivos digitais configurados para responder ao comando de uma pessoa específica.

A Inteligência artificial generativa está sendo utilizada para criar vídeos, áudios, sons, músicas, quadros, códigos de programação, imagens, textos etc.

O desenvolvimento exponencial dos modelos de inteligência artificial com quantidades inimagináveis de dados criou ferramentas com capacidade de gerar um conteúdo muito próximo do conteúdo humano.

É provável que a qualidade dos textos, imagens, sons etc. gerados pela IA supere a qualidade humana.

Os limites da IA são desconhecidos e é muito difícil prever o que ela será capaz de fazer nos próximos anos.

(As pesquisas com inteligência artificial devem ser paralisadas temporariamente? SIM, https://www1.folha.uol.com.br/opiniao/2023/04/as-pesquisas-com-inteligencia-artificial-devem-ser-paralisadas-temporariamente-sim.shtml, acessado em 14/04/2023). A velocidade de crescimento das capacidades e habilidades da IA é tão rápida que as pessoas estão repensando o papel da tecnologia na sociedade.

A inteligência artificial pode gerar uma grande mudança no comportamento dos atores do sistema judiciário.

Um juiz delibera uma sentença em função das leis, jurisprudências, doutrinas, argumentos, provas e interpretação.

Na era da inteligência artificial e dos processos eletrônicos, o juiz pode usar um robô inteligente para gerar a sentença.

A sentença é o resultado da análise analítica dos dados e informações.

Neste contexto, os auxiliares dos magistrados que elaboram os relatórios sobre o caso que está sendo julgado ainda serão úteis?

Os escritórios de advocacia ainda vão contratar estagiários e advogados juniores para fazer as versões iniciais dos contratos e das petições se a inteligência artificial fizer este trabalho com mais velocidade e qualidade?

Um robô executa em segundos as tarefas repetitivas que os juízes realizam durante o julgamento de um processo.

A adoção em massa da IA no sistema jurídico vai acabar com o problema da justiça lenta?

Os algoritmos reduzem os vieses cognitivos que interferem nas decisões dos juízes.

Será que a sociedade está preparada para sentenças baseadas na lógica da análise analítica dos dados e informações?

No atual sistema judiciário, as sentenças podem ser influenciadas por diversos fatores externos:

- Preferências pessoais
- Personalidade
- Estado de espírito
- Desempenho do time no dia anterior
- Fome
- Sede
- etc.

Na era dos algoritmos treinados corretamente e sem vieses, as sentenças não mais serão influenciadas por fatores desconectados do processo.

Os réus poderão escolher entre um juiz inteligência artificial ou ser humano no futuro?

Se o réu tiver convicção da sua razão, ele certamente vai escolher um juiz inteligência artificial para que a decisão seja tomada com base na análise analítica dos dados e informações.

A maioria das pessoas é contra todos os tipos de discriminação, no entanto, existem sentidos diferentes para a palavra "discriminação".

A sociedade precisa construir consensos universais sobre os valores éticos e morais dos sistemas inteligentes.

A governança da implantação inteligência artificial precisa evitar que os sistemas inteligentes gerem preconceitos e discriminações.

A governança precisa garantir que os dados usados no processo de treinamento da IA respeite os direitos intelectuais, autorais e de privacidade.

Sempre vai existir o risco de uma IA ser treinada com vieses e preconceitos e por isto, é preciso que o conselho curador avalie, monitore e gerencie o processo de treinamento do sistema inteligente.

Os dados usados no treinamento da IA devem ser etiquetados e o processo deve ser vigiado com elevado rigor.

Em geral, o trabalho de rotular os dados e moderar o conteúdo é bastante intenso e por isto, ele é terceirizado para os locais de mão de obra mais barata.

É preciso que a terceirização seja controlada e gerenciada para que os viesses de comportamento que existem em diversas sociedades não façam parte do processo de treinamento da IA.

Os vieses intrínsecos das diversas sociedades devem ser eliminados do processo de treinamento da IA para evitar que o sistema gere uma fragmentação social.

O momento de criação de uma IA, é o momento de definição de uma política global com diretrizes sobre os valores éticos e morais do sistema inteligente.

Os personagens dos jogos de sucesso são em geral criações computacionais de monstros, parceiros, coadjuvantes etc.

São raros os casos em que os personagens dos jogos têm personalidade.

Na prática, eles são um "objeto animado" que acompanha o jogador na jornada em busca da recompensa.

(Indústria de games abraça inteligência artificial apesar de medo, https://www1.folha.uol.com.br/tec/2023/04/industria-de-games-abraca-inteligencia-artificial-apesar-de-medo.shtml, acessado em 14/04/2023). A inteligência artificial está transformando os personagens animados desinteressantes em seres com personalidades que dialogam com o jogador e redefinem a experiência do usuário.

Os jogadores podem pedir para os seus acompanhantes dicas sobre as recompensas e perguntar como derrotar os seus oponentes em uma determinada fase do jogo.

As conversas em linguagem natural com os acompanhantes da jornada melhoram a qualidade das interações no jogo, aumentam o realismo da jornada e criam um nível elevado de interatividade.

A natureza da relação estabelecida entre o jogador e a inteligência artificial mudou radicalmente com a linguagem natural.

O relacionamento entre o jogador e a inteligência artificial não é uma via de mão única, pois existem princípios que norteiam as reações entre as partes.

A sociedade precisa debater com transparência a influência do comportamento da IA em um jogo nas atitudes dos seres humanos.

Um personagem inteligente com viés violento e de desrespeito às leis pode influenciar o comportamento futuro de um jogador adolescente ou de uma criança ou de um adulto?

É preciso mapear as semelhanças e diferenças nos comportamentos entre as máquinas e as pessoas para entender as bases cognitivas da autoridade, justiça, lealdade etc.

Os jogos que envolvem danos materiais e violência física precisam trabalhar as regras morais e éticas dos seres humanos.

É válido que em um jogo, um ser humano atire, mate, destrua etc. os seus oponentes.

No entanto será que é válido que a inteligência artificial que acompanha o jogador na jornada incentive e aplauda este comportamento?

A IA é capaz de induzir uma percepção análoga a um relacionamento humano e, por isto, os processos intelectuais envolvidos precisam estimular os valores éticos e morais e inibir os comportamentos inadequados.

Já existem alguns casos de envolvimento afetivo entre um ser humano e uma inteligência artificial de entretenimento, por isto, é preciso que estas relações em linguagem natural sejam norteadas por bons princípios éticos.

A missão do marketing é atrair os clientes e a inteligência artificial tem um papel de extraordinária importância neste processo.

Quando um consumidor pesquisa por um produto em uma loja online ele visualiza todos os resultados relacionados com a pesquisa.

A tecnologia preditiva dos sistemas inteligentes trabalha em função das reações do cliente.

A IA de uma loja virtual "estuda" milhões de registros das navegações, redes sociais etc. para sugerir um produto ou serviço com base nas preferências e escolhas anteriores do cliente.

O crescimento do conjunto de dados torna a tecnologia cada vez mais inteligente e precisa.

Em breve, estará disponível para a maioria dos consumidores a possibilidade de comprar um produto usando uma foto ou desenho.

Diversos bancos estão usando a inteligência artificial para o atendimento aos clientes, para evitar fraudes, para impedir o uso indevido do cartão de crédito etc.

A inteligência artificial está sendo utilizada para atender milhões de solicitações dos clientes, para interagir e responder às perguntas dos usuários, para prevenir os ataques contra o banco, para evitar fraudes etc.

As soluções de inteligência artificial melhoraram a segurança em vários setores dos bancos.
O rastreamento inteligente do uso do cartão de crédito vem impedindo o sucesso de diversas tentativas de fraudes.

Os bancos estão usando a IA para rastrear as solicitações e analisar o comportamento das transações.

Os sistemas inteligentes detectam os padrões das transações maliciosas e bloqueiam as tentativas de fraudes feitas com os cartões dos clientes.

Centenas de milhões de dólares foram economizados com o uso de sistemas inteligentes de segurança bancária.

A IA processa uma quantidade gigantesca de dados em um curto espaço de tempo, ou seja, ela é capaz de aprender com a observação dos padrões dos dados históricos.

Os sistemas inteligentes impedem as tentativas de fraudes analisando em tempo real as transações e comparando com os padrões aprendidos.

Os bancos estão usando a IA para aumentar o seu desempenho e respectivo sucesso na negociação de títulos, ações etc.

Os analistas financeiros estão trabalhando com os sistemas inteligentes para validar as percepções dos agentes mais experientes do mercado de ações.

Os sistemas inteligentes são treinados com uma grande quantidade de dados sobre a negociação de ações.

O sistema busca por padrões e os compara com as condições atuais do mercado de ações para prever o comportamento futuro dos preços das ações.

Os analistas conseguem tomar melhores decisões no mercado de ações trabalhando com os preços previstos.

Para aumentar a produção de alimentos no mundo, é preciso aumentar a produtividade e a sustentabilidade do uso dos recursos naturais.

Os agricultores estão usando a inteligência artificial para obter mais da terra e para usar os recursos naturais de forma mais sustentável.

As mudanças climáticas, o aumento da demanda por alimentos e a necessidade de acabar com a insegurança alimentar levaram a agricultura na direção da melhoria do rendimento das culturas e da redução dos custos.

(Uso de drones elimina perdas causadas por máquinas na plantação de soja durante aplicação de defensivos, https://revistacultivar.com.br/noticias/uso-de-drones-elimina-perdas-causadas-por-maquinas-na-plantacao-de-soja-durante-aplicacao-de-defensivos, acessado em 14/04/2023). Os robôs autônomos permitem que os agricultores protejam com mais eficiência as suas plantações contra as ervas daninhas, pragas, insetos, animais etc.

Os robôs inteligentes dotados de visão detectam os objetos e monitoram e pulverizam as plantações com elevada precisão.

A pulverização de precisão elimina os desperdícios, reduz os custos e as perdas e impede a criação de resistência contra herbicidas e defensivos agrícolas.

O sistema inteligente de alta precisão identifica os defeitos e deficiências nutricionais da terra através de imagens, permite a recuperação da produtividade do solo e entrega diversas soluções para regiões específicas da plantação.

Os hospitais estão usando o sistema inteligente de apoio à decisão clínica para prevenir a ocorrência de acidentes vasculares cerebrais nos seus pacientes.

A inteligência artificial envia um alarme para o médico do paciente quando existe o risco de ele ter um ataque cardíaco.

Os sistemas inteligentes estão acompanhando o tratamento das pessoas que estão em casas de idosos ou sob cuidados domiciliares etc.

O uso correto e a hora certa de um medicamento podem salvar vidas, por isto, a IA monitora em tempo real as condições do paciente e informa imediatamente ao médico as alterações.

Os jogos eletrônicos estão usando a inteligência artificial para criar ações imprevisíveis para que o computador não repita uma estratégia anterior.

O desempenho do computador melhora conforme o jogo é jogado, ou seja, o jogo é mais desafiador e os jogadores precisam mudar de estratégia constantemente.

A exploração espacial usa a inteligência artificial para analisar uma grande quantidade de dados gerados pelos telescópios para descobrir os planetas.

A missão da NASA em Marte, usa um robô autônomo para investigar as condições do planeta.

Os fabricantes de carros autônomos estão usando a IA para desenvolver os veículos.

O sistema inteligente captura os dados dos veículos, das câmeras, do GPS e dos serviços em nuvem para gerar um comando de controle que opera o veículo.

Os algoritmos de aprendizado de máquina conseguem prever com precisão o comportamento dos objetos que estão próximos do veículo autônomo.

A elevada precisão das previsões torna os carros autônomos mais eficazes e seguros.

A inteligência artificial com visão computacional captura as imagens e o algoritmo de aprendizado de máquina prevê o comportamento dos objetos e permite a condução do veículo sem a intervenção humana.

Os assistentes virtuais estão usando a inteligência artificial para controlar os aparelhos em casa e para aumentar a segurança dos moradores.

Os assistentes virtuais inteligentes reconhecem a fala dos moradores da residência (e apenas deles) e controlam a execução de diversas tarefas.

Por exemplo, a presença de vozes não cadastradas no sistema de segurança em conversa ameaçadora pode gerar um alarme na central de segurança pública ou privada.

Os assistentes digitais são capazes de controlar tanto o aparelho de ar-condicionado para ajustar automaticamente a temperatura ambiente, quanto a televisão, geladeira, máquina de lavar, secar, fazer café, pão etc.

O assistente é capaz de tocar músicas, de chamar um táxi, de fazer chamadas telefônicas, pedir comida etc.

Ele também é capaz de interagir com os monitores cardíacos, com os aparelhos de pressão, com os sensores de quedas etc. e chamar um médico ou ambulância em caso de necessidade.

O assistente pode também ser acionado por uma palavra de segurança e ligar para a polícia caso um morador esteja em situação de risco ou ameaça.

A inteligência artificial processa a linguagem natural dos humanos, e os algoritmos de aprendizado de máquina processam, monitoram e controlam a execução das tarefas.

As plataformas de mídias sociais estão usando a IA e o aprendizado de máquina para capturar todos os detalhes de uma imagem.

Os algoritmos de aprendizado de máquina estão sendo usados para entender os interesses do usuário e selecionar as notícias.

As redes sociais também estão usando a inteligência artificial para identificar o discurso de ódio e o terrorismo.

Elas estão usando o aprendizado de máquina, o aprendizado profundo e o processamento de linguagem natural para eliminar da rede o conteúdo ofensivo e inadequado.

Em geral o conteúdo ofensivo e inadequado é gerado por contas não humanas de inteligência artificial.

Os artistas estão usando a inteligência artificial para compor melodias, jingles etc. com diversos instrumentos musicais em diversos estilos (jazz, bossa nova, samba, rock, rap etc.).

A IA foi treinada para descobrir padrões de harmonia, ritmo e estilo de uma grande quantidade de músicas e aprendeu como compor melodias.

Os mapas estão usando a inteligência artificial para analisar a velocidade do tráfego e recomendar a melhor rota considerando acidentes, interrupções no trânsito, manutenções nas pistas etc.

Os mapas inteligentes estimam o tempo de deslocamento trabalhando diversos fatores.

Os serviços inteligentes de mobilidade estão usando o aprendizado de máquina e a inteligência artificial para determinar o preço de uma viagem considerando a distância, a demanda e a disponibilidade.

Os correios eletrônicos estão usando a IA e o aprendizado de máquina para gerar respostas autônomas, para preencher automaticamente os campos de um "template", para categorizar as mensagens na caixa de entrada, para filtrar as mensagens indesejadas etc.

Os agentes do sistema financeiro estão usando a inteligência artificial para aconselhar os seus clientes sobre os investimentos com base nas melhores práticas do mercado.

O uso da IA, permite que os agentes entreguem uma valiosa orientação personalizada com custo muito baixo.

Os robôs inteligentes estão atuando como consultores especialistas dos investidores e em alguns casos estão tomando decisões financeiras.

As empresas de classificação de crédito estão usando a inteligência artificial para eliminar as transações fraudulentas.

A análise das transações dos agentes do sistema financeiro em tempo real é um processo impossível de ser realizado pelos seres humanos por causa do grande volume de dados.

As empresas de classificação de crédito estão usando as redes neurais para analisar o valor da transação e a sua respectiva frequência para determinar o seu nível de confiabilidade.

Os agentes do sistema financeiro estão usando a IA para permitir o depósito de cheques via aplicativo instalado no celular.

O usuário, abre o aplicativo, digitaliza o cheque e faz o depósito e o aplicativo analisa o que foi escrito no cheque e digitaliza o texto através do reconhecimento de imagem.

As plataformas de mídias sociais estão usando a inteligência artificial e o aprendizado de máquina para gerar filtros que podem ser aplicados nas fotos e vídeos pelos usuários.

A IA analisa também as fotos e os vídeos salvos pelos usuários para sugerir amigos novos.

A inteligência artificial identifica as pessoas presentes na foto ou vídeo usando um algoritmo de reconhecimento facial e oferece sugestões de amizades novas.

As redes sociais estão usando os sistemas inteligentes para melhorar o desempenho dos anúncios segmentados.

Em outras palavras, quanto maior for a precisão do alvo de um anúncio segmentado, maior é a taxa de cliques e maior é o lucro gerado.

As mídias sociais estão usando a IA tanto para entender como os emojis estão sendo utilizados, quanto para criar um sistema de recomendação de emojis para as pessoas.

O crescimento do uso de emojis está diretamente relacionado com o nível de engajamento dos usuários.

As redes sociais estão usando também a inteligência artificial e o aprendizado de máquina para identificar os objetos presentes nas imagens salvas pelos usuários.

O objetivo comercial é analisar os objetos presentes nas imagens para otimizar o desempenho dos anúncios.

A inteligência artificial gera oportunidades novas ao mesmo tempo em que torna redundante diversas atividades profissionais.

É fato que a IA muda a forma como as pessoas trabalham e provoca reduções nos custos pela maior produtividade dos robôs em relação aos seres humanos.

(São Paulo recebe nova unidade Roboteria, https://www.roboteria.com.br/post/s%C3%A3o-paulo-recebe-nova-unidade-roboteria, acessado em 14/04/2023). Muitas atividades serão executadas por máquinas nos próximos anos e os especialistas afirmam que cerca de 15% da força de trabalho global atual precisará aprender novas habilidades para trabalhar em um outro emprego.

Será que as profissões de salários maiores têm maior probabilidade de serem automatizadas?

Será que o custo da automatização por robôs impedirá a eliminação do trabalho humano de salário baixo?

O mundo mais inteligente e automatizado representa um grande desafio para os países que geram muitos empregos de baixa complexidade.

A política da implantação da inteligência artificial precisa treinar milhões de trabalhadores em habilidades e capacidades novas para que a transição para o novo mercado de trabalho não seja traumática.

O impacto da IA é muito forte nas vagas de trabalho menos qualificadas, pois já é possível executar automaticamente todas as tarefas administrativas de uma empresa usando os sistemas inteligentes.

Na indústria da construção civil, o cenário para os próximos anos é de robôs inteligentes ocupando diversas vagas.

Na indústria de serviços, diversos cozinheiros, garçons, barristas, cobradores, faxineiros, caixas etc. serão substituídos por robôs inteligentes nos próximos anos.

A indústria de serviços logísticos também será fortemente impactada com a IA, pois, diversas vagas serão ocupadas por sistemas inteligentes.

Em 2023, diversas empresas iniciaram um ciclo de redução dos empregos menos qualificados.

Em outras palavras, caso não sejam criadas políticas compensatórias, as pessoas que recebem os salários mais baixos ficarão sem renda.

A insegurança econômica gerada pela inteligência artificial é uma ameaça para a democracia, pois as pessoas excluídas perdem a confiança nas instituições e apresentam um profundo descontentamento com o sistema político.

A implantação da IA sem políticas compensatórias cria um transtorno tão grande no mercado de trabalho que é gerada a abertura de um caminho amplo para os políticos populistas e totalitários que tudo prometem e nada entregam.

(Entenda a cruzada de Netanyahu contra a Suprema Corte israelense, https://g1.globo.com/mundo/blog/sandra-cohen/post/2023/01/16/entenda-a-cruzada-de-netanyahu-contra-a-suprema-corte-israelense.ghtml, acessado em 14/04/2023). Os políticos populistas e totalitários atuam contra as instituições de democracias afirmando que elas são os principais agentes do liberalismo.

Os modelos matemáticos dos algoritmos são uma representação da realidade, ou em outras palavras uma simplificação da realidade.

Isto significa que eles não são perfeitos e que a ação da IA pode ser defeituosa de diversas maneiras.

A transparência do processo de treinamento da inteligência é de extrema importância.

O uso de dados errados ou contaminados com vieses faz com que as ações da IA sejam tendenciosas.

A não transparência do processo de treinamento da IA, gera a falta de visibilidade sobre o desempenho do sistema inteligente.

Um desempenho ruim da inteligência artificial em atividades essenciais pode gerar a destruição de uma sociedade.

Como em geral, os algoritmos de aprendizado de máquina são mantidos em segredo, por causa dos interesses comerciais dos produtores, as falhas de entendimento e os viesses preconceituosos da IA só são percebidos quando o problema virou uma dificuldade de enorme repercussão.

Alguns membros do sistema judiciário estão usando os algoritmos para calcular o risco de um réu cometer outro crime e com isto ajudar o juiz na decisão sobre a fiança, sentença e liberdade condicional.

A falta de transparência do algoritmo do aprendizado de máquina e do processo de treinamento da IA, impede que o sistema que calcula o risco seja auditado.

Os vieses de preconceitos no processo de treinamento de uma inteligência artificial, corroem os direitos da sociedade e dos indivíduos.

As sentenças proferidas pelos juízes com base na pontuação de risco do réu gerada pela inteligência artificial podem ser injustas.

Uma IA treinada incorretamente pode apresentar comportamento racista, sexista etc.

A transparência no processo de treinamento permite que a sociedade tenha conhecimento das deficiências da IA.

(Robôs se tornam sexistas e racistas por causa de falha na IA, https://br.financas.yahoo.com/news/robos-viram-sexistas-e-racistas-por-causa-de-falha-na-ia-224809862.html, acessado em 14/04/2023). O viés tendencioso e discriminatório da inteligência artificial é o resultado das falhas do projeto ou do uso de dados defeituosos e desequilibrados no treinamento do algoritmo.

Um processo de treinamento equivocado faz com que a IA reproduza o viés de raça, gênero, idade etc. que existe na sociedade.

É um processo de aprofundamento das desigualdades sociais e econômicas da sociedade.

(Amazon desiste de ferramenta de recrutamento que penalizava mulheres, https://www1.folha.uol.com.br/tec/2018/10/amazon-desiste-de-ferramenta-de-recrutamento-que-penalizava-mulheres.shtml, acessado em 14/04/2023). Em 2018, a inteligência artificial foi utilizada no processo de seleção e recrutamento dos candidatos, e uma falha no processo de treinamento em que foram usados os currículos enviados nos últimos dez anos gerou a penalização das candidatas.

O uso de dados homogêneos e não representativos no treinamento da IA gera o problema de viés tendencioso.

A baixa diversidade dos dados propaga para o futuro os preconceitos do passado da sociedade.

As empresas que usam, sem saber, uma inteligência artificial tendenciosa no processo de desenvolvimento dos seus produtos e serviços, correm o risco de desenvolver soluções que excluem os seus clientes.

Os sistemas inteligentes podem ser usados para construir perfis comportamentais precisos das pessoas.

(Abin confirma uso, no governo passado, de programa para monitorar celulares da população; ministros criticam a prática, https://g1.globo.com/politica/noticia/2023/03/14/abin-confirma-uso-no-governo-passado-de-programa-para-monitorar-celulares-da-populacao-ministros-criticam-a-pratica.ghtml, acessado em 14/04/2023). A IA é capaz de prever a localização futura de uma pessoa analisando os dados históricos de localização.

O nível de precisão é maior quando a inteligência artificial trabalha com os dados históricos de localização da pessoa e dos seus amigos e contatos.

A localização das pessoas e dos seus familiares, pode ser utilizada pelos malfeitores para diversas finalidades criminosas (sequestros, roubos, golpes digitais etc.).

(Deepfakes com Lula, Moro e Dilma alertam para risco nas eleições, https://www.correiobraziliense.com.br/politica/2022/02/4989112-deepfakes-com-lula-moro-e-dilma-alertam-para-risco-nas-eleicoes.html, acessado em 14/04/2023). A inteligência artificial é capaz de criar um deepfake para produzir um discurso falso de um político.

O sistema inteligente consegue manipular as imagens e palavras de vídeos verdadeiros e produzir um vídeo falso.

As campanhas de desinformação baseadas em vídeos falsos podem ameaçar as instituições e a democracia pela geração de polarização radical na política.

A IA pode ser utilizada pelos criminosos para criar textos falsos, artigos de notícias alterados etc.

Ela pode também ser usada para gerar uma oportunidade de fraude no mercado financeiro.

A desinformação via deepfakes, notícias alteradas e textos falsos é capaz de gerar um colapso da realidade.

A desinformação em tempo real embaça a visualização da realidade e a mentira desestabiliza a confiança das pessoas nas instituições democráticas.

A inteligência artificial pode causar danos ambientais significativos pelo consumo intensivo de energia.

Em geral, os modelos dos algoritmos do aprendizado profundo desenvolvidos para o processamento de linguagem natural consomem combustíveis fósseis em grande quantidade.

Um processo de treinamento de uma IA produz mais de 300 toneladas de CO2.

O desenvolvimento das tecnologias de inteligência artificial está concentrado em algumas poucas empresas.

Estas empresas estão investindo quase 75% do total aplicado em pesquisa e desenvolvimento.

A maioria das empresas iniciantes de inteligência artificial estão sendo compradas pelas grandes empresas.

A concentração empresarial do desenvolvimento da IA é uma ameaça para a sociedade, pois estas empresas estão determinando a direção do desenvolvimento da tecnologia.

Estas empresas estão criando um clube fechado monopolista em relação aos dados dos usuários e são os principais fornecedores de IA para os outros setores da economia.

É uma concentração de poder bastante perigosa, pois as grandes empresas de inteligência artificial poderão em breve ditar as diretrizes políticas, sociais e econômicas dos governos.

As decisões tomadas a partir da análise analítica dos dados e informações dos algoritmos permitem a redução dos erros operacionais.

A previsão do tempo usando a inteligência artificial elimina diversos erros cometidos pelos seres humanos.

Os robôs inteligentes desempenham atividades de alto risco para os seres humanos.

A inteligência artificial habilitou o uso de caminhões autônomos na mineração, reduziu os riscos dos trabalhadores e permitiu a concentração dos seres humanos nas atividades mais complexas e criativas.

A indústria da mineração aumentou a sua agilidade, eficiência, produtividade e segurança com a inteligência artificial.

Os robôs inteligentes contribuem para a exploração espacial, para o desarmamento de bombas, minas, explosivos etc., para a exploração dos oceanos, vulcões etc., para a mineração de metais etc., para os resgates das pessoas vítimas de desastres naturais ou provocados pelo homem etc.

Os robôs inteligentes podem ser utilizados para minimizar os efeitos da radiação e para controlar o fogo no caso de uma explosão de uma usina nuclear.

Os seres humanos morrem em poucos minutos ao se aproximarem do núcleo de uma usina nuclear.

O robô inteligente pode atuar neste ambiente hostil e minimizar os efeitos da radiação.

Os robôs inteligentes têm elevada utilidade nas situações em que a intervenção humana é perigosa.

A inteligência artificial trabalha 24 horas por dia durante 7 dias por semana, sem pausas e não ficam entediadas.

As escolas estão usando a inteligência artificial para tratar as solicitações e problemas que podem ser resolvidos sem a intervenção humana.

(Fim do trabalho chato? IA fará seus textos, apresentações e resumo de e-mail, https://www.uol.com.br/tilt/noticias/redacao/2023/03/24/google-x-microsoft-gigantes-anunciam-ia-para-deixar-o-trabalho-menos-chato.htm, acessado em 14/04/2023). As empresas estão usando a inteligência artificial nos trabalhos repetitivos, por exemplo, enviar mensagens de agradecimento e de felicitação, verificar documentos etc.

As tarefas consideradas chatas pelos seres humanos podem ser realizadas pela IA e as pessoas podem concentrar o seu foco nas atividades que exigem alta criatividade.

Vários processos do sistema financeiro exigem a verificação de diversos documentos.

A IA consegue acelerar o processo de verificação dos documentos e, com isto, todos os envolvidos economizam muito tempo e dinheiro.

As organizações de diversos setores da economia estão usando os assistentes inteligentes para interagir com os usuários e para reduzir a necessidade de recursos humanos.

As empresas de comércio eletrônico estão usando os assistentes inteligentes para responder as dúvidas dos clientes.

Diversos operadores do mercado financeiro, estão usando a inteligência artificial para tomar decisões mais rápidas.

Os analistas financeiros humanos analisam fatores emocionais e práticos no seu processo de decisão.

A IA desconsidera os fatores emocionais e trabalha apenas com dados e informações para tomar decisões melhores e mais rápidas que os seres humanos.

É muito difícil um ser humano vencer um jogo contra a IA porque ela escolhe a melhor jogada possível em poucos segundos.

Diversas invenções estão sendo habilitadas pela inteligência artificial.

Vários problemas complexos estão sendo resolvidos pelos seres humanos com a ajuda da IA.

As empresas de saúde estão usando a inteligência artificial para diagnosticar diversos tipos de câncer no seu estágio inicial.

As organizações estão usando a inteligência artificial para eliminar ao máximo as emoções no processo de decisão.

A inteligência artificial não tem uma visão tendenciosa da realidade e das previsões futuras e, por causa disto, ela é capaz de tomar decisões mais coerentes e robustas.

A capacidade da Inteligência artificial de executar a maioria das tarefas tediosas e repetitivas pode tornar os seres humanos preguiçosos.

Como não é preciso memorizar diversas coisas para resolver o quebra-cabeça do trabalho, as pessoas param de exercitar os seus cérebros.

Este comportamento dos seres humanos pode causar graves problemas cognitivos para as próximas gerações.

As empresas estão usando a inteligência artificial para desenvolver uma nova geração de produtos e serviços para a economia verde, economia circular, indústria, agricultura, cuidados de saúde, moda, turismo etc.

O objetivo é melhorar a produtividade, a qualidade entregue, o atendimento ao cliente e o consumo de energia.

Os serviços públicos estão usando a inteligência artificial para reduzir os custos no transporte público, na educação, na geração de energia, na gestão de resíduos, na sustentabilidade dos produtos etc.

Os governos estão usando a IA para ampliar a diversidade cultural e a transparência.

A análise analítica dos dados e informações das competências e capacidades dos candidatos possibilita que as decisões nas contratações sejam realizadas sem preconceitos.

As polícias estão usando a IA para prevenir os crimes, para avaliar com elevada precisão o risco de fuga dos prisioneiros, para prevenir ataques terroristas, para detectar e identificar os comportamentos ilegais e inadequados etc.

As forças militares estão usando a IA para desenvolver as estratégias de defesa e ataques presenciais e digitais.

A política pública da implantação da IA precisa determinar com clareza quem é o responsável pelos danos causados por uma inteligência artificial.

As principais oportunidades geradas pela inteligência artificial estão relacionadas com a negociação, com o gerenciamento de ativos, com a saúde, com a manufatura, com as vendas e marketing.

As organizações estão usando a IA tanto para melhorar as comunicações empresariais através do uso de recursos inteligentes nas reuniões, quanto para aumentar as vendas pela evolução da efetividade do atendimento ao cliente.
As chamadas inteligentes de vídeo e voz nas comunicações comerciais, agiliza a interação da empresa com os clientes e da organização com os representantes de vendas.

Os agentes econômicos acreditam que as comunicações inteligentes impactarão positivamente tanto o desempenho da central de serviços, quanto o nível de satisfação do cliente, quanto o faturamento.

A análise em tempo real da voz e vídeo permite que a empresa interprete com maior precisão o nível de satisfação dos clientes.

A comunicação empresarial vem avançando diversos graus na escala de sofisticação com o reconhecimento e análise da voz e vídeo.

As ferramentas inteligentes usadas nas reuniões de negócios aumentam a produtividade da comunicação e melhoram a experiência do usuário.

As reuniões virtuais inteligentes são mais produtivas do que as reuniões presenciais.

A inteligência artificial transforma em texto os assuntos falados na reunião e destaca os itens mais importantes.

A IA grava as conversas, identifica os participantes da reunião e captura as principais informações sobre os participantes.

As empresas estão usando as soluções de IA para prever o comportamento do cliente.

A análise dos hábitos e preferências dos clientes permite prever as suas necessidades iminentes e calcular a probabilidade da taxa de rotatividade.

As organizações podem lançar campanhas de marketing preventivas e personalizadas para reengajar o cliente.

As organizações do sistema de saúde estão usando a inteligência artificial para aumentar a efetividade dos diagnósticos médicos.

A inteligência artificial detecta rapidamente valores atípicos nos exames e faz uma análise para descobrir a causa raiz do problema.

As empresas estão usando a inteligência artificial para gerenciar a operação de Tecnologia de Informações e Comunicações.

A gigantesca quantidade de dados gerados pelos sistemas de monitoramento, sistemas operacionais, hardwares, aplicativos etc. são trabalhados pela IA para identificar os padrões de desempenho e segurança dos sistemas.

As organizações estão usando a IA para impedir que os seus sistemas sejam atacados por malfeitores.

O modelo de aprendizado de máquina da inteligência artificial é capaz de detectar as atividades maliciosas e de acionar os protocolos de prevenção antes que uma ameaça ataque o sistema.

Referências

https://g1.globo.com/sp/sao-paulo/noticia/2023/03/08/com-1206-km-cidade-de-sp-bate-recorde-anual-de-transito-nesta-quarta-segundo-novo-metodo-de-medicao-da-cet.ghtml, Com 1.206 km, cidade de SP bate recorde anual de trânsito nesta quarta (08/03/2023), segundo novo método de medição da CET, acessado em 14/04/2023

https://www.seesp.org.br/site/index.php/jornal-do-engenheiro/item/21758-transistor-uma-invencao-que-mudou-o-mundo, Transistor, uma invenção que mudou o mundo, acessado em 14/04/2023

https://g1.globo.com/tecnologia/noticia/2023/01/18/artistas-processam-empresas-que-geram-arte-com-ia-por-violacao-de-direitos-autorais.ghtml, Artistas processam empresas que geram arte com IA por violação de direitos autorais, acessado em 14/04/2023

https://www.osul.com.br/saiba-quem-sao-os-profissionais-que-recebem-ate-17-milhao-de-reais-para-treinar-a-inteligencia-artificial/, Saiba quem são os profissionais que recebem até 1,7 milhão de reais para treinar a inteligência artificial, acessado em 14/04/2023

https://chat.openai.com/auth/login, Welcome to ChatGPT, acessado em 14/04/2023

https://artsandculture.google.com/experiment/fabricius/gwHX41Sm0N7-Dw, Fabricius, acessado em 14/04/2023

https://www1.folha.uol.com.br/cotidiano/2023/03/cem-maiores-cidades-do-brasil-perdem-36-da-agua-tratada-aponta-ranking.shtml, Cem maiores cidades do Brasil perdem 36% da água tratada, aponta ranking, acessado em 14/04/2023

https://www.uol.com.br/tilt/noticias/redacao/2023/03/26/foto-do-papa-usando-casaco-estiloso-foi-criada-por-inteligencia-artificial.htm, Foto do papa usando casaco estiloso foi criada por inteligência artificial, acessado em 14/04/2023

https://www1.folha.uol.com.br/tec/2023/03/chatgpt-do-video-inteligencia-artificial-cria-cenas-a-partir-de-palavras-ou-imagens.shtml, 'ChatGPT do vídeo', inteligência artificial cria cenas a partir de palavras ou imagens, acessado em 14/04/2023

https://www1.folha.uol.com.br/mercado/2023/03/amazon-cortara-nove-mil-empregos-em-segunda-rodada-de-demissoes.shtml, Amazon cortará 9.000 empregos em segunda rodada de demissões, acessado em 14/04/2023

https://g1.globo.com/tecnologia/noticia/2023/01/20/por-que-as-big-techs-estao-demitindo.ghtml, 'Big techs' demitem mais de 50 mil pessoas em 3 meses - G1, acessado em 14/04/2023).

https://www.uol.com.br/tilt/noticias/redacao/2023/04/06/chatgpt-vai-roubar-seu-emprego-estudo-mostra-profissoes-mais-expostas-a-ia.htm, ChatGPT vai roubar meu emprego? Estudo mostra profissões mais expostas à IA, acessado em 14/04/2023

https://www1.folha.uol.com.br/opiniao/2023/04/as-pesquisas-com-inteligencia-artificial-devem-ser-paralisadas-temporariamente-sim.shtml, As pesquisas com inteligência artificial devem ser paralisadas temporariamente? SIM, acessado em 14/04/2023

https://www1.folha.uol.com.br/tec/2023/04/industria-de-games-abraca-inteligencia-artificial-apesar-de-medo.shtml, Indústria de games abraça inteligência artificial apesar de medo, acessado em 14/04/2023 https://revistacultivar.com.br/noticias/uso-de-drones-elimina-perdas-causadas-por-maquinas-na-plantacao-de-soja-durante-aplicacao-de-defensivos, Uso de drones elimina perdas causadas por máquinas na plantação de soja durante aplicação de defensivos, acessado em 14/04/2023

https://www.roboteria.com.br/post/s%C3%A3o-paulo-recebe-nova-unidade-roboteria, São Paulo recebe nova unidade Roboteria, acessado em 14/04/2023

https://g1.globo.com/mundo/blog/sandra-cohen/post/2023/01/16/entenda-a-cruzada-de-netanyahu-contra-a-suprema-corte-israelense.ghtml, Entenda a cruzada de Netanyahu contra a Suprema Corte israelense, acessado em 14/04/2023

https://br.financas.yahoo.com/news/robos-viram-sexistas-e-racistas-por-causa-de-falha-na-ia-224809862.html, Robôs se tornam sexistas e racistas por causa de falha na IA, acessado em 14/04/2023

https://www1.folha.uol.com.br/tec/2018/10/amazon-desiste-de-ferramenta-de-recrutamento-que-penalizava-mulheres.shtml, Amazon desiste de ferramenta de recrutamento que penalizava mulheres, acessado em 14/04/2023

https://g1.globo.com/politica/noticia/2023/03/14/abin-confirma-uso-no-governo-passado-de-programa-para-monitorar-celulares-da-populacao-ministros-criticam-a-pratica.ghtml, Abin confirma uso, no governo passado, de programa para monitorar celulares da população; ministros criticam a prática, acessado em 14/04/2023

https://www.correiobraziliense.com.br/politica/2022/02/4989112-deepfakes-com-lula-moro-e-dilma-alertam-para-risco-nas-eleicoes.html, Deepfakes com Lula, Moro e Dilma alertam para risco nas eleições, acessado em 14/04/2023

https://www.uol.com.br/tilt/noticias/redacao/2023/03/24/google-x-microsoft-gigantes-anunciam-ia-para-deixar-o-trabalho-menos-chato.htm, Fim do trabalho chato? IA fará seus textos, apresentações e resumo de e-mail, acessado em 14/04/2023

ANOTAÇÕES

Impressão e acabamento
Gráfica da Editora Ciência Moderna Ltda.
Tel: (21) 2201-6662